这是一部近乎导读性质的新书，一本引领追随精神导师的佳作。作者以爱心、童心加诗心，从中华历史文化名人的"家风""母亲"濡染，再到自己切身经历的"母与子""师与友"熏陶，真情诉说生活故事，表达对先贤、对母亲、对恩师的尊敬与怀念之情，彰显精神恩师的价值。

梦 山 书 系

　　"梦山"位于福州城西,与西湖书院、林则徐读书处"桂斋"连襟相依,梦山沉稳、西湖灵动、桂斋儒雅。梦山集山水之气韵,得人文之雅操。福建教育出版社正坐落于西湖之畔、梦山之下,集五十余年梓行之内蕴,以"立足教育、服务社会、开智启蒙、惠泽生命"为宗旨,将教育类读物出版作为肩上重任之一,教育类读物自具一格,理论读物品韵秀出,教师专业成长读物春风化雨。

　　"梦"是理想、是希望,所谓"梦想成真";"山"是丰碑,是名山事业。"积土成山,风雨兴焉",我们希望通过点点滴滴的辛勤积累,能矗起教育的高山;希望有志于教育的专家、学者能鼓荡起教育改革的风雨。

　　"梦山书系"力图集教育研究之菁华,成就教育的名山事业之梦。

梦山书系

我们为什么需要
精神恩师

WOMEN WEISHENME XUYAO JINGSHEN ENSHI

邱孝感◎著

海峡出版发行集团 | 福建教育出版社

图书在版编目（CIP）数据

我们为什么需要精神恩师/邱孝感著．—福州：福建教育出版社，2014.10（2015.1重印）
ISBN 978-7-5334-6623-7

Ⅰ.①我… Ⅱ.①邱… Ⅲ.①品德教育－中国－通俗读物 Ⅳ.①D648-49

中国版本图书馆 CIP 数据核字（2014）第 227663 号

我们为什么需要精神恩师

邱孝感 著

出版发行	海峡出版发行集团 福建教育出版社 （福州梦山路 27 号　邮编：350001　网址：www.fep.com.cn） 编辑部电话　0591－83779615　83726908 发行部电话　0591－83721876　83727027　83726921）
出 版 人	黄　旭
印　　刷	福州东南彩色印刷有限公司 （福州市金山工业区　邮编：350002）
开　　本	720 毫米×1000 毫米　1/16
印　　张	10
字　　数	135 千
插　　页	2
印　　数	3 070－6 101
版　　次	2014 年 10 月第 1 版　2015 年 1 月第 2 次印刷
书　　号	ISBN 978-7-5334-6623-7
定　　价	22.00 元

如发现本书印装质量问题，影响阅读，
请向本社出版科（电话：0591－83726019）调换。

目 录

序一　追随精神恩师/陆士桢/1
序二　启导比祈祷更靠谱/陈章汉/5
序三　母亲是人生第一位精神恩师/邱孝胥/8

家风/1

近水生智慧的朱熹 …………………………………… 3
林则徐的耕读与家国情怀 …………………………… 12
严复的母亲：看，那片海 …………………………… 22
钱穆母亲的素书堂 …………………………………… 31

母亲/37

也许你不懂孔子妈妈的忧伤 ………………………… 39
苏东坡光辉人格里的母爱温度 ……………………… 45
鲁迅母亲的微笑 ……………………………………… 52

母与子 /59

江边的菜地 …………………………………… 61
米糠饼 ……………………………………… 67
砍柴 ………………………………………… 72
母亲的教诲 …………………………………… 78

师与友 /81

拜访冰心和她客厅的竹子 ………………………… 83
启蒙老师的疼爱有点疼 …………………………… 88
一次改变命运的考试 ……………………………… 94
代课老师像大哥 …………………………………… 99
我的贵人成群结队 ………………………………… 103
侠气柔肠胡校长 …………………………………… 108
棠棣之心，蜡烛之命 ……………………………… 112
干干净净的恩师韩振东 …………………………… 120
才高八斗洛阳客，智比留侯入闽山 ……………… 128
音乐家杨沐的"下巴琴" ………………………… 134

后记 ……………………………………………… 145

序一

追随精神恩师

案牍劳形之余，翻开邱孝感的《我们为什么需要精神恩师》书稿，读到其中鲜活生动的事例，让人精神为之一振，"追随"这样一个词就蹦跳到眼前来了。

我在团中央辅导员杂志和中国青年政治学院工作期间，因与福建省少先队总辅导员邱孝感共同从事青少年儿童工作而相识。几十年来，虽相隔几千里，但每年因开会等也会相见几次。我知道他一直辛勤耕耘在八闽大地，在青少年教育以及少先队工作领域，不仅积极努力实践创新，而且不断研究探索，作为一名"老总"，他带领福建省的广大少先队辅导员和儿童工作者实现了一次又一次的飞跃。今天看到邱总的新作《我们为什么需要精神恩师》，我很兴奋。细细品味，我发现，这是一本一线辅导员教师引领青少年追随精神导师的佳作，也是邱总自身不断修身养性、追寻精神家园的深刻思考，是作为一位教育工作者的思想心路的记录和凝集。

今天，中国已经进入了全面建成小康社会的决定性阶段，一方面社会充满生机和活力，正能量的社会元素作为主流积极因素具有很大的社会影响；另一方面物质化、现实化和功利化的社会价值观左右了很多人和事，社会的总体道德水准下滑，部分领域和人员中的传统精神和价值缺失现象，不仅成为了腐败的重要社会基础，也引起了各方面的警觉和重视。习近平总书记说过，青年的价值取向决定了未来整个社会的价值取向，青少年儿童作为未来和希望，精神世界的建设、道德的发展是整个社会道德建设的基础和根本。从这个视角看，邱总的这本书确实具有重要意义。

首先，这本书始终把精神的追随作为叙述的重点和核心。不同于一般讲道德故事的书，本书并没有仅仅局限在对道德故事的描述，而是从"精彩故事"讲起，到"真实事件"，再到"心灵触动"。在道德、精神主旨的统领下，书中一个个生动的故事，在我们面前呈现出的是一幅幅体现核心价值观的活灵活现的画面，彰显的是个人、社会、国家三个层面各自的正面价值，以及这三者之间的不可分割的辩证关系。曾记得，在1993年的狮城"首届国际华语大专辩论会"上，复旦大学辩手曾引用康德的话。他说，这个世界，唯有两样东西能让我们感到深深的震撼，一是头顶上灿烂的星空，一是我们内心崇高的道德法则。故事给我们的往往是情节的吸引，情感的渲染，而真正能够给人以内在动力和长久影响的一定是精神的启迪，是思想的触动。

其次，这本书选择了青少年儿童身边最近的四个关系，把精神、道德具体化、形象化。本书分家风、母亲、母与子、师与友等四个篇章，涉及古今名家名人，也有作者自己身边的人与事，更有邱总对这些人和事的分析和思考，不仅读来亲切感人，而且能够把抽象的大道理，渗透到了具象的事务和细密的思绪之中，给人以触动与启迪。家是一个人道德的摇篮，精神的发祥地，也是其情感心理的孵化器，家教是终身教育的根，家风是一生能量的场。家风家教从历史走来，植根于深厚的中华文化；但同时也围绕在社会个体周围，反映着现代社会的对错荣辱。家风家教有强烈的道德感召力，能够让每个人，特别是孩子在日常生活中得到启示。我们感念祖先留给我们的深厚家风，我们也要在新时代不断发扬中华民族的家国精神。这几年来，在国内外的重要场合，习近平总书记多次深情地谈到有关"中国梦"的话题，也常常会谈起自己的家。习家有着从严教子、勤俭持家的家风。总书记的母亲齐心是一位老干部、老党员，已近

— 序 一 —

90岁高龄。习近平非常孝敬母亲，一有时间便陪她在一起吃饭。饭后，他总会拉着母亲的手散步，陪她聊天。他走上领导岗位后，母亲齐心专门开家庭会，要求其他子女不得从事商业活动。受父母耳濡目染影响，习近平秉承家风，不仅对家人要求严格，而且胸怀祖国，心系人民，道德高尚，勤政为民，在广大人民心目中，他是一位领袖，也是一个敦厚善良、温儒体贴的朋友。在总书记身上，我们可以感受到中华民族传统文化道德强大的力量。

第三，把给青少年讲道德故事和抒发自己的精神领悟紧密结合，以自己的思考和感悟引领青少年儿童的精神追随。本书既是一本供青少年儿童阅读学习的教育读本，同时也是一本邱总的思想录、启示录。启示、感悟由故事引起，又深化和延长了故事的内涵；故事为启示感悟提供了思想的基础，又为启示和感悟做了具体生动的诠释。作为福建人，邱总特别讲了林则徐、冰心等与福建有密切关系的名人故事。福州是一个山川灵秀的地方，被称为"有福之州"。近代史上著名民族英雄林则徐在福州留下了无数的生活印记，他喜欢的"海纳百川有容乃大，壁立千仞无欲则刚"被广为传颂，上联更被作为福州城市精神来推广。林则徐的一生为国为民，光明磊落又意在长远，是我们民族中崇尚精神力量的先行者之一。同样，与福建有关的严复、冰心等名人，不仅激发起邱总同为福建人的自豪，更是成为他不朽的精神恩师。在这个意义上说，邱总既是个教育者，也是个思想者；既是给青少年儿童循循善诱地讲故事的人，又是开启一线辅导员教师思想之窗的智者。

邱总曾说："在这科技迅速发展的网络时代，我还保留着定期给在北京读书的侄女写书信的习惯，信中常常以精神恩师的故事来激励孩子，为她提供人生成长过程中的正能量。据说，我的带着手掌温度的信件是侄女最期待的礼物，也使她成为同学艳羡的幸福女生。"邱总的《我们为什么需要精神恩师》是自己几十年精神追寻的总结，也是送给青少年和儿童的一份礼物，是一份用情和爱浸透的，用期许和热忱编织的，充满了父亲般温暖的礼物。如同他写给侄女

3

的信带给孩子的是快乐和幸福一样，相信读过、思考过这部《我们为什么需要精神恩师》的孩子们，也会从中体味到那不一样的精神引领和被激励的快乐。

全书21个故事，让我们记住了"母爱是不能忘记的""师友之情是人生强大的精神力量"等思想的提示，也感受到了邱总历经"面壁十年图破壁"实践演练的苦苦追寻，更给了我们"追随精神恩师"、放眼风物的绵亘深远的华夏民族应有的情怀。

是为序，并致贺！

2014年8月于京城

（作者系中国青年政治学院教授、中国青少年研究会副会长）

序二

启导比祈祷更靠谱

　　红领巾，是红旗的一角。红旗的经纬，是无数个"十"字的集合。"十"字呢，则是中国数字"一"与阿拉伯数字"1"的相加。这个"加"字，正是"精神向导"的秘籍。手拉手、心连心、肩并肩，都从"加"中来。团结的"结"，正是"加"的结果。红领巾在胸前打个结，恰在与心脏等高的位置，想想有多重要！

　　"想想"本身，就有文章：自己做了，谓之价值诉求；旁人帮做，堪称精神向导。行无疆而思无涯，多想想，细琢磨，未解的结就会释然，生活也更有了厚度。静原生智慧，愁亦破鸿蒙。刘勰思接千载、神与物游，才做得动《文心雕龙》；太白所以喜做《静夜思》。

　　笔者与邱总都曾当过教师，在团的岗位上又曾共事多年。知他成天与青少年打成一片，过家家般地，四处传递笑声，收获快乐。一俟他静下来，即如人间蒸发，然后时不时地，亮出新书来，让你目不暇给。分道有年，殊途同归，俩人都成了作家。但我是逮到什么写什么，儿童文学的书也出，老气横秋的辞赋也来。邱总可是专出与少先队辅导员职业相关的书，且成套成系列，形成规模效应，洋洋大观。

　　此番推出的，是一部近乎导读的新书。主题是：我们为什么需要精神恩师。别解则是：精神恩师究竟给了我们什么，还能举一反三启导些什么。这个"启导",比"祈祷"更实在、更管用、更靠谱。邱总应邀出任耕读书院的专家,知道非"深耕文化",无以"导读大千"。因之对全省少先队总辅导员的工作,不仅着迷,而且上瘾。爆炒"海蜇皮"和炖"佛跳墙"的功夫全用上了,花样翻新,乐此不疲,虽卸甲却愣不赋闲。

联想到在地上疯转的陀螺,有公转,也有自转。分不清是公转带自转,还是相反。这会儿书稿就摆在面前,令我暗自汗颜。他是中学高级教师,我是职业编审。"为他人作嫁衣裳,自己何妨也做几件穿穿?"我曾这么自我解嘲着,蘸上红蓝墨水,双管齐下,成了作家。邱兄则是我手写我心,为孩子们精神向度的启导与开蒙,不舍昼夜。

让邱总乐此不疲的原因,是爱心、童心加诗心。他会从孔子母亲忧伤的阴影里,完成对原始礼仪的追问;会从苏东坡的光辉人格里,分析出母爱曾经的温度;会从严复母亲于秋夜的啜泣里,提取抬起头来的男儿情怀;他会留意于鲁迅的乡愁,是那江南母亲的那角衣襟;他会惦念于冰心客厅的竹子,品读这位大文豪睿智清雅的人生内涵;他会从杨沐拜访世界级大学者的慨叹中,呼吁要"关爱坚守学界清贫的晚年孤寂的大师";他会从癞痢头上那疼爱一瞥里,读出启蒙老师的温暖;他甚至把自己母亲在病榻前的话,如实地传递给年轻读者:心好好大家,心坏坏自家!……

以"心"为主题,注定永恒。"爱"字的繁体,以"心"为心。"心"字与"人"字一样,无法简写。少年强则中国强。"少年心"不得,"中国梦"何成?这个"得"字,学问深深。邱总的用心与勇气,恰在势在必得。少年一代的道德养成,关键的是精神向导的境界高度与辐射强度。邱总认识到这一点,故而无比注重心性的修持与内力的淬炼。他相信孔子说的"德不孤,必有邻"。

联想我今年在母亲节所作的《母爱赋》,表达弘扬孝道、传承孝亲传统、感念母爱之情;赋末写道:

"母爱不求回报,但思万全。倘有宣言,或曰:留爱和榜样,给子孙;留静和不争,给自然;留笑和不足,给自己。高蹈风尘,低调为人。在母亲的辞海里,将为有慈怀,而无太息;为有大爱,而得永年!"

其实我们都有类似的人生体悟,只是经过形而上的精神提炼,然后以鲜活的语言表述出来,献给我们的读者。这一点上,老朋友也是心照不宣。我想自己的创作,将受邱总越来越大的影响,而更富有朝气与童真。如火的激情与如水的柔情,是邱总的品格,也是本书的质地,值得品读欣赏并看齐。

是为序。

陈章汉

2014年教师节于岱麓耕读书院

(作者系福建省作家协会副主席、福建省耕读书院院长、编审)

序三

母亲是人生第一位精神恩师

我怀着激动的心情，一口气读完胞弟邱孝感新著的《我们为什么需要精神恩师》一书，当我前往香港担任亚洲国际合唱节评委时，他电话邀我作序，我感到意外又觉得有话可说。

书中写到母亲教子的故事，唤起我童年的回忆，激起我难忘母爱的情感共鸣。母亲虽没上过学，但她从小就被中华家训之河滋养，四书五经的名言警句，好比空气弥漫在她心灵、浸润在她血液，她不知不觉地以朴素形象、善良情感，相夫教子，展现一个伟大母性的生命智慧。正是深受母亲言行的影响，我们兄弟才一路走到今天。

30多年前告别"文革"动荡之后，中国这些年渐渐富了，也伴生出了贫富分化。于是"官二代""富二代""高富帅""拼爹"成了全社会关注和讨论的热点词语，这诚然是很大的社会问题。但对此一些舆论有时候却失之偏颇，有些人看问题动辄只拿"出身论"说事，对出身较好的权势阶层羡慕嫉妒恨，对出身平凡的自己却放弃个体的责任。

我觉得当下中国很重要的一个问题是个体责任和家庭教育的缺失。对于缺乏信仰、缺乏责任的现实困境，亟需要精神恩师的指引。

在此提出一个设问：

如果没有老师，世界将会怎样？

听起来，这似乎是一个不成问题的问题，但在今天，这又的的确确并非一个伪问题。

昔者，伏羲氏结绳为网，教会了人类捕鸟打鱼，免于冒死搏斗之险；燧人氏钻木取火，教会了人类烧烤蒸煮，免于茹毛饮血之苦；神农氏遍尝百草，教会了人类种谷养畜，免于饥馑疾病之灾。这三位中国神话中的祖先，可以说是我们民族智识初开时的老师，如果没有他们，我们今天恐怕尚不知器用之便、舟车之利、弓矢之锐、衣食之腴，恐怕还在惴惴焉赤手空拳与猛兽相搏，恐怕还在惶惶然衣不遮体食不果腹朝不保夕之际，若如此，我们与禽兽又会有什么两样呢？

唐代韩愈说："古之学者必有师。"三位祖先都是我们民族的好老师，教会了我们生存的技艺。但仅学技能，而没有解答人生的困惑，树立正确的价值观和人生观，是捡了芝麻丢了西瓜的"小学而大遗"。

什么样的老师，堪称精神恩师？

我偶尔会想，奥巴马没有任何背景，凭借个人努力，最终入主白宫，这就像一部好莱坞式的大片，而且算得上一个世界级的青春励志传奇大片的。他在演讲里说到母亲——安·邓纳姆，母亲曾告诉儿子："不要被恐惧或狭隘的定义所束缚，不要在自己周围筑起围墙，我们应当尽力在意想不到的地方找到亲情和美好的事物。"因此奥巴马没有为自己的肤色所困惑，生活在自卑的阴影中。"我身上最好的东西都要归功于她。"正是她的家庭教导，成就了美国第一位黑人总统。

人生第一位老师是母亲，母亲是人生的第一位精神恩师。

与普天下母亲一样，我们的母亲非常普通。她出生农家，大字不识，生活在社会最底层，却恪守着中华传统伦理道德。她读懂了生活这本无字之书，一生勤俭持家、与人为善，受到子女爱戴、媳妇感佩和邻居夸赞。

我们今天做父母的，如何成为孩子的精神恩师呢？

我觉得，中华民族优秀传统文化在民间有自己独特的传播方式，颇值发掘。书中关于母亲的故事，就是一个个朴素家风的缩影与成功家教的典范。

我至今难忘母亲的教诲。小时候，我母亲非常重视子女的教育，每天凌晨就把我们叫醒读书。当我12岁就子承父业考进福建艺术学院时，母亲喜泣般地在小油灯下飞针走线，缝制布衣鞋，并一再勉励我："要善待他人，人穷志不短，不要因为贫穷而自卑。"由于母亲良好的教育与引导，我没有为自己的生活窘迫所困扰。正是受到母亲积极乐观、勇于进取精神的影响，我们兄弟奋发且情深。我想，我的母亲就是这样一位精神恩师。

坦率地说，母亲最疼爱的是孝感。她常说，孝感是一个最贴心、孝顺、能吃苦的好孩子。他长相、习惯、品性都挺像她的。孝感不抽烟、不喝酒、不打牌。小时候家境贫寒，大哥大姐和我都很早就离开家乡，到外地谋生或求学，留在家乡的弟妹中就数孝感大。他实际上扮演了"长子"的角色，打小就承担起照顾弟妹、砍柴挑水等家务事，就连弟妹的工作也是他张罗的，他早年就品尝了生活艰辛的滋味，也磨炼了他"穷人孩子早当家"的本领。他在家中有威信懂亲情。记得大哥曾因老屋拆迁闹纠纷，孝感坚持谦让，感动了大哥一家。后来，大哥老泪横流动情地说："感谢你们包容我。"孝感回应："感谢母亲吧！是母亲从小就教育我们亲情是个宝的呀！"

的确，亲情恩重如山、师恩永生难忘。母亲是人生中第一位真正的精神恩师，这人生第一位老师，一言一行都会影响到孩子的一生，孔子的母亲、朱熹的母亲、苏轼的母亲、鲁迅的母亲，无一不是如此。

精神力量是强大的。谨盼这本关于精神恩师的新书，再启生命的思想之窗，为和谐社会尽一份心力。祈愿我的好弟弟邱孝感能出更多的好作品，以告慰父母的在天之灵，传承恩师的精气之神，点亮民族的圣洁之光。

2014年8月于福州

（作者系中国合唱协会副理事长、福建省合唱协会会长、国家一级指挥）

家 风

当,
人生命运
与国家命运相交织的时候,
伟大的人格凸显力量,
生命更达澄明之境,
精神穿越历史的天空,
这背后,
是家风。

历史名流的家训家教家风之所以经典,是因为有中华文化的风范与传承,那些感性的细节、流芳的逸事、感人的传说,对我们后人而言,都是值得珍惜的有温度的财富。

因为官二代朱熹不善理财,所以就专心研究"天理"?

近水生智慧的朱熹

正是阳春三月,这一片溪中的沙洲,没有一点"寂寞沙洲冷"的意味。溪岸边,环绕着沙洲,李树成行,正开着粉白的花,衬在深深的胭脂红色的叶片上,断无娇媚的脂粉之气,以一种轻巧和清丽的灵动,给沙洲点缀些生机。像是听从了春风的号令,向着宽阔的溪流,一树树李花伸展笔直而修长的枝条,致一个春的敬礼。

这里是尤溪,朱熹的出生地。距公元一一三〇年朱熹出生880

多年之后，专程前往此地寻访朱子遗迹的游人，寥寥无几。

溪是青印溪。溪水汤汤，清浅的溪面上露出沙石，激起片片水花，淹没了历史上关于理学与假道学的一场场论争。而远处的紫阳湖，水面泛着縠纹和波光，叫游人不觉吟诵起这位紫阳先生的诗句：

半亩方塘一鉴开，天光云影共徘徊。问渠哪得清如许？为有源头活水来。

朱熹所处的时代是南宋。那时候，在"徽、钦二宗北狩"之后硕果仅存的赵宋帝王后代，刚刚流落江南一隅，在主战和主和的口水厮杀中，偏安政权无力改变弱势的政治局面。朱熹也没有能力提出振兴的计策，没有源头活水，南宋人的政治理想似乎成了一潭死水。朱熹就在这个局面中继承发扬北宋陈抟、周敦颐、张载、程颐这一脉的理学，把国家统治阶层的意识形态，导向一种"反求诸己"的自修。所以，比国家复兴更重要的，似乎成了修身齐家，听起来这是后人所共知的治国平天下的前提。

然而，南宋终究没有平天下，甚至治国也无良策，留给后人的遗产，就只是这格物致知，然后修身齐家的理学。

朱熹所发扬的理学，严格说是复归于中国文化传统，从孔孟之学里汲取精神上的力量。客观地说，"精神胜利法"毕竟救不了国家，理学最终变成了寻求人格完善之途。这种新的儒学上升为国家意识形态后，特别是其中强调排斥个体的人性特点，所谓"存天理，去人欲"，并没有从技术的角度去探究国家和民族的生存之道，反而更进一步成了人性的桎梏和牢笼，这不能不说是一个历史的悲剧。

唐宋两代的开放型人格和国格，在朱熹之后，到了明清两代就蜕变成了收敛型，对国家的经济和社会发展造成了一种价值观进而是体制上的束缚，后代的历史学家和哲学家，尤其是经济学家和改革家，对这种负面的影响多持批判态度。特别是在"新文化运动"兴起之后，对理学的批判达到了高潮。

其实，早在南宋，在朱熹还活着的时候，他的理学已经在主战的韩侂胄一派口中，变成了假道学。

但是今天，我们无心于道学的论争，那些论争已经喧嚣了八百多年。朱熹本人，毫无疑问，已经成为近一千年中影响最大的历史人物之一，作为这样一个巨大的存在，谁也无法忽略。而他的治学之道，他的格物精神，多少也有我们可以吸收的精华。

少年

距离五四运动近一百年之后，尤溪的沙洲公园正在重建，正门入口处还立了朱熹的塑像，在城市文化定位和发展旅游经济的认识驱动之下，除了吸引新的外来投资和游客，似乎有重新唤醒朱子文化的内在目的。

溪岸上，新砌的青石栏杆，栏杆上，用印刷体的楷书镌刻着朱熹一句砥砺人心的问话："精神一到，何事不成？"

远来的游客，无论是消解烦恼排除苦闷的，还是走马观花匆促来去的，立在溪畔，把栏杆拍遍，把朱熹的话在唇边在舌尖念之再三，若有所思，心有戚戚。

尽管，朱子的这句名言，成了他所在的南宋时代的一个笑柄，但今天我们不必替南宋人操心，可以一种轻松的心态，来戏读朱熹的精神观。

有一个广为流传的关于青印溪的传说。据说早在唐朝，有僧人留下《过尤溪青印溪》一诗：

塔前青印见，家家亲笔砚。水流保安前，尤溪出状元。

尤溪第一位进士林积金榜题名那年，青印溪也露出难得一见的青印。而朱熹19岁考中进士那年的正月，青印溪忽然水枯石露，河心凸显一块端端正正的方形青色礁石，状如皇帝玉玺，轰动朝野。朱熹能不感念这神奇的青印溪？

溪上原有一座廊桥，名叫玉溪桥，桥上高悬"溪山第一"的匾额，为朱熹的手迹。朱熹还以"玉溪桥"为主题，写了一首厌倦世俗烦扰向往隐士生活的诗：

独抱瑶琴过玉溪，琅然清夜月明时。只今已是无心久，却怕山前荷蒉知。

谁都不会相信，朱熹能考中进士，完全是青印溪的神秘力量在起作用。相反，他在幼年的时候，即显示出惊人的天赋。

据清代学者王懋竑在《朱熹年谱》里记载，朱熹3岁刚刚会说话的时候，就颖悟庄重，父亲朱松有一天指着天告诉他这是天，他却问："那么天的上面是什么呢？"这让父亲惊异而欣喜。用今天的话来说，朱熹一个3岁小儿，就在思考世界的本原，就有了哲学思考了。

7岁的时候，刚刚读了三年书，老师为他讲《孝经》，这是儒家经典，朱熹初一读就能明白其意义，并且在书上题了一句话："不这样，便不是人。"

也是在这个年纪，朱熹与一群小伙伴在溪岸边的沙滩上游戏，别人都在玩，他却独自一人，端坐着，用手指在沙滩上画着什么，原来，他是在画一个八卦的图形。众所周知，八卦是儒学经典《易》在后代演变的一种神秘化的术文化。

朱熹的弟子们记录了"朱子语录"，据语录记载，朱熹亲口讲他十来岁时的故事："孔子曰：'仁远乎哉？我欲仁，斯仁至矣。'我读到这句经典的话语，就想到，仁这件事啊，完全要靠人亲自去体悟去实践，当时只是还想不到该如何去下这个工夫，但从那之后，我就决心在这方面下工夫了。后来，我又读《孟子》，有一句是：'圣人与我同类者。'我忽然觉得高兴得不知道该说什么，孔子是圣人，孟子是亚圣，也是圣人，那时候就觉得圣人原来也是容易做的啊。当然今天我觉得做圣人真难。"

从3岁思考世界的本原，到10岁思考人生的意义，这些据说还较为可信的记载，以科学的角度审视，明显并不可信。不过，这倒是可以理解的，因为王懋竑是清代著名的朱子学家，他记载朱熹的故事，少不了溢美之词，少不了牵强附会，甚至少不了还要美化一番。

不过有一点记载是许多朱子资料中都共有的，很能说明朱熹幼年的思考能力。

大约在朱熹10岁的时候，父亲朱松原本担任吏部员外郎（相当于中央组织部的司长），因为不附合秦桧的主和政策，就当了个远离京城的饶州知州。因有空闲时间，所以他有机会亲自教授朱熹。朱松有一次给儿子和外甥等一帮孩子讲历史，读《后汉书·光武帝本纪》，讲到了昆阳之战，讲到高兴处，朱熹突然问："怎么会这样呢？"朱松就给儿子简单地分析了昆阳之战，没想到朱熹欣然领悟，这让朱松大为感慨，朱熹10岁竟然有了沧桑的历史感。

昆阳之战，是西汉末年王莽与刘秀的大决战。表面上看，这场战役中，王莽一方的大司徒王寻和大司空王邑——王氏兄弟联手主宰朝政和军事，而大司马严尤作为一个专业军事将领的建议却不被采纳，导致大败。而往深层看，王莽改革失败，政治上的失败导致民意上的失败，成了昆阳之战的核心因素。

这是一个重大而复杂的历史事件，朱松为朱熹讲了个大概，10岁小儿居然能识破其中奥秘，所以朱松兴奋之余，亲笔手书一卷北宋苏东坡的《昆阳赋》赠送给这个天才儿子，并在跋文中写道："手书此赋以授熹，为说古今成败兴亡大致，慨然久之。"

此条真实性较强的记载，表明朱熹小小年纪时，就具有开阔的视野，对历史事件背后的错综复杂的关系就有了莫大的兴趣，这种积极的求知欲和探究深层原因的能力，是不是成就未来一代大儒的关键因素呢？孔子说博学、审问、慎思、明辨、笃行为修学之道，而朱熹在少年时代就具备了好问博思的基础，这是不是也成就了一代大儒未来的格致之学呢？

师承

朱熹的祖上原是富有的地主之家，他的故乡在江西婺源，有多少田地不知道，只知道父亲朱松当官时，需要举家迁往福建，就把故乡的百亩田产质押换了川资，那么朱家至少有百亩耕地的吧。

当官并没有给朱家带来多少财富的增值，相反，因经营无方，财产日渐减少，等到朱熹14岁的时候，父亲去世了，家中已一贫如洗，从此家道中落了。

而朱熹本人呢，似乎也缺乏经营的本领。他一生活了70岁，其中在外当官七年零两个月，在朝廷当官四十六天，这不足七年半的官宦生涯中薪俸稍微丰厚一些。另外有二十二年零七个月奉祠家居，领一些官方的薪水，这些收入本来就微薄，加上不善经营，遭遇贬值，往往仅剩全家糊口的米粮之资。当然，他是书法家，更是名人，应人之约写一些序文跋文碑铭什么的，多少有些润笔费作酬金。除此之外，朱熹几乎全靠亲友的接济、朋友的馈赠和门徒的赘奉。

朱熹的生活可能还不如孔子，孔子至少有大富的子贡、大贵的鲁国孟孙氏当门徒，出门有专车，吃饭有人送，而朱熹的朋友和门徒中没几个大富大贵的。据已故朱子学家陈荣捷统计，朱熹门人一共有467人，有官职的只有133人，只占28％。门人中，偏偏朱熹的女婿黄榦也是个穷光蛋，且"贫穷至甚"。

曾经当过福建军帅的宰相赵汝愚，给朱熹找了份朝廷的闲职，让他领一份薪水，同时又怜悯他太穷，就从自己的俸禄中割一部分周济朱熹。朱熹在写给赵宰相的信中说："我是一介又穷又老的书生，平常生活中吃的没有主食，只是些糠菜汤而已，不过我也从来

― 家 风 ―

不介意这些,觉得穿衣服只要遮蔽身体,吃饭能够充饥,居住能够挡雨,就行了。"女婿说这位岳父,处于常人不堪忍受的境地,他却安贫乐道在其中。朱熹自己也常说"贫病日侵""贫病殊迫""贫病支离""贫病不足言"这些话,如此一介寒士,如颜回一样,箪瓢屡空,却乐在其中。朱熹至少在生活上继承了儒家的教诲。

然而贫穷并没有让朱熹放弃幼时的理想——"凡人也可做圣人",父亲朱松的朋友们帮助朱熹增进了学业。朱熹的老师,不是一位,而是一群。

朱松去世后,好友刘子羽为朱熹一家在武夷山建了房子,并亲自担任朱熹的老师。刘子羽是抗金名将,因与秦桧不和,被投降派罢了官,45岁就回到故乡武夷山五夫里隐居,从此淡泊功名,寄情山水,兴办学馆,抚养教育少年朱熹,并为他建紫阳楼,作为他起居、修学之所。刘子羽病逝时,16岁的朱熹写了两首挽诗,其中有诗句说这位老师"天界经纶业,家传忠文心"。许多年后,朱熹受彭城侯刘珙的委托,为其亡父、抗金名将刘子羽撰并书神道碑文。刘公神道碑至今尚存,为福建省省级重点文物。

此外还有一位姓刘的老师,叫刘勉之,字致中,号草堂,因为是武夷山五夫白水人,学界称之为白水先生。北宋末年的时候,蔡京专权,严禁伊洛之学,刘勉之秘藏和传抄二程之书,后拜理学家杨时为师,而杨时为二程弟子,所以他是得了理学真传的。宋高宗曾经召见刘勉之,刘勉之以病辞归。十多年里,他与胡宪、刘子翚等人讲学于武夷山中,各地学者接踵而至。关于刘勉之,还有两个重要的故事,一是他的岳父家豪富,但无子嗣,刘勉之不要岳父的资产,劝说他转让给了家族中德高望重的人;另一个就是刘勉之倾心教育朱熹成名,并把大女儿嫁给了他,二女儿嫁给了朱熹的门人范念德。所以说,刘勉之不仅是朱熹的老师,也是朱熹的岳父。

朱松临终时,嘱咐儿子朱熹拜刘勉之、刘子翚、胡宪为师,朱熹跟随胡宪求学的时间最长,大约有20年之久。不过,胡宪擅长历史学,因此朱熹的知识架构得益于他,而他对朱熹思想的影响并不大。

刘子翚是对朱熹思想影响较大的老师，他是刘子羽的弟弟。刘子翚从事的是儒学的讲学，但对佛和道都有钻研，常与道士僧人往来。据朱熹自己回忆，这最初学到的佛道思想，竟然对他考取功名起到了至关重要的作用。

朱熹自己说："我十五六岁的时候，也曾经留心于佛学。有一天，在刘子翚老师的家里，见到一位僧人，我跟他聊天，他却只是表面应和我了事，遇到问题，既不说是，也不说不是，却只管跟刘老师说个没完。我作为旁听者，也听到些昭昭灵灵的禅。刘老师后来又跟我说这些禅，我就开始怀疑这位僧人还有更妙的谈禅说道内容，于是登门请教，果然说禅说得非常好。几年后我去参加科举考试，就按僧人的思想来写，试官竟然被我说动了，于是中了进士。那一年我是19岁。"

不过，这几位老师，总的来说都属于"父执"（就是父亲的朋友的意思），真正在思想上改变朱熹的，却另有其人。

朱熹登科之后，得到了第一份官职同安主簿，在去同安任职的途中，途经剑浦，就是今天的福建南平，遇到了延平先生李侗，这位人生中最重要的一位老师。

他应该是专程拜访李侗的。李侗是二程的三传弟子，父亲朱松又是李侗的同门。朱熹自幼生活在河洛之学的环境中，却误打误撞因禅学而登科，其间的疑问，他想向李侗问个究竟，绝不仅仅是出于敬仰其为人而已。

朱熹是23岁的那个夏天见到李侗的，但当年他呆了多久，谈了什么，已经无法考证了。5年之后，朱熹从同安回武夷山，返程途中再次见到李侗，这次见面留下了纪录，李侗称赞朱熹"颖悟绝人，力行可畏，其所论难，体认切至"——说这位后生小子聪明，有极强的思辨能力，而且有可怕的实践能力，他所讨论的见解具有极高难度，而他对思想的亲身体验认知却那么真切。

两次相见，没有拜师。直到31岁的那年冬天，朱熹第三次见到李侗，并在李侗家旁边的西林禅院惟可禅师的寺舍里住了下来，一呆就是好几个月，这一次，朱熹与李侗真正有了深入的探讨。

朱熹回忆说，见李侗先生，聊了无数的大道理，也曾经聊到禅，先生打击朱熹说："你凌空蹈虚地研究那么多，却对面前的事情不予理会。道没什么玄妙的，就在日用生活之中，踏实地处理眼前事。至于方法呢，白天研究学术，夜里去安静处独坐，仔细思量，这才会慢慢有所得。"朱熹至此才感觉如醍醐灌顶，学术的那一扇大门豁然洞开，他才得以登堂入室，一窥儒学大端。

国学大师钱穆曾评论，朱熹从李侗老师那里学到的有三个方面：一个是必须在日用人生上融会那些大道理；二是必须读古代圣人的经典原著；三是"理一而分殊"。

"理一分殊"，是理学中一理与万物关系的重要命题，源于唐代华严宗和禅宗，为宋明理学家采纳，提出"理一分殊"命题。朱熹从本体论角度指出，总合天地万物的理，只是一个理，分开来，每个事物都各自有一个理。这成为朱子哲学的一个重要的基本概念。由此，朱熹开始真正进入了哲学的最高殿堂。

一等人忠臣孝子，两件事读书耕田。

林则徐的耕读与家国情怀

一八四二年八月，道光皇帝爱新觉罗·旻宁御宇海内已经二十二个年头了，再过一个月，他就要迎来自己的六十寿诞。然而，这个花甲之年的生日，注定要在失落和颓唐中度过，尤其让他无法预料的是，在未来十年的统治余生，他的内心和他的帝国上下弥漫在漫无边际的靡败感伤之中。

此时此刻，悲情天子的内心，比这个夏天的气温更加燥热和闷湿。他清楚地知道，远在南京，狮子山麓的静海寺里一点也不平静，满洲正蓝旗出身的耆英正代表大清帝国，与远来滋事的弹丸小邦英国的代表，开始了长达一个月的谈判。这场谈判的最终结果是签订了中国近代史上第一个丧权辱国的不平等条约，谁也不会想到，《南京条约》开启了长达半个多世纪的"辱约史"。身在官场宦海浮沉的帝国大臣们却洞若观火，在清王朝后期的官僚统治体系内部，主和派一方暂居上风，南宋王朝割地称臣求和苟安的那段屈辱岁月，似乎若隐若现地浮现在每个人的心头。

极具讽刺意味的是，辱约谈判的地点不知是不是经过刻意选择——南京的静海寺，就在四个半世纪之前，大明永乐、宣德年间，郑和七次下西洋，为了彰显国威勒记功勋，明朝皇帝下令在南京兴建此寺，并且御赐嘉名为"静海寺"，寓意着四海平静天下太平。这前朝的往事历历，如今却不堪入目了。

帝国内部主战一派的柱石，原两广总督林则徐，先是被剥夺权柄，革职待查，继而流放新疆伊犁戍边。"辱约"签订的时候，他正在西去的路途中，因为大病一场而淹蹇在了西安古城。待病情稍稍转安，林则徐把家眷安置在了西安，身边没有了前呼后拥的卫兵，只有两个儿子和七八辆马车，踏上了荒寒寂寥的出关之路。

行前，他写了那首著名的《赴戍登程口占示家人》：

力微任重久神疲，再竭衰庸定不支。
苟利国家生死以，岂因祸福避趋之？
谪居正是君恩厚，养拙刚于戍卒宜。
戏与山妻谈故事，试吟断送老头皮。

"苟利国家生死以，岂因祸福避趋之？"，这是林则徐身为一代儒臣的铮铮警言，广为后世一代又一代志士名臣所引用。而此诗的末句所隐藏的一个典故，却被一再地忽略了。

典故可以追溯到北宋。宋真宗赵恒风闻隐士杨朴诗才了得，于是召见，问他："此次来面见皇帝，可有人作诗送你吗？"杨朴回答："我的妻子倒是写了一首诗：更休落魄耽杯酒，且莫猖狂爱咏诗。今日捉将官里去，这回断送老头皮。"皇帝听了大笑，放杨朴归还到隐居的山里去了。许多年之后，苏轼因为勇言敢谏，写了几首诗真实揭示王安石变法对底层农民的负面影响，遭到政敌的诬告而锒铛入狱，这就是著名的"乌台诗案"。苏轼临行前，妻子送他出门，此去或许经年，或许天人相隔，一家人都哭了，苏轼回转身来对妻子说："你难道不能像杨朴处士的妻子那样，作一首诗送我吗？"妻子不禁失笑。

苏轼年轻，当年42岁，所以一身正气，自以为身正不怕影子斜，诬告的冤狱早晚会昭雪，此去必然逢凶化吉，所以还有心情戏言。而林则徐呢，这年已经57岁了，余生无多，却眼见着鸦片泛滥流毒中国，几无可以御敌之兵，且无可以充饷之银，几年前他发过誓，"若鸦片一日未绝，本大臣一日不回，誓与此事相始终"。如今，禁烟未绝身先获罪，英夷侵略就在咫尺，国家与个人的命运同样的遭难，他只有为国的焦虑，可没有自嘲的轻松。

无疑，在林则徐的思想里，藏着一个经世致用、家国天下的儒家理想。这来自于他的出身、学习和成长，这也通过他的言传身教，尤其是对儿子的家训，传至后世，影响至深。

寒士

林则徐出身寒门，祖上四代没出过一个当官的。

曾祖父林廷枩去世后，曾祖母把家产均分给了五个儿子，祖父林正澄分到了稻谷30担和房屋数间，分到的稻田一季只能出产10担。林家把十担稻田称为"书田"，顾名思义，就是专门用来为林家子弟读书考取功名提供保障的田产。祖父读书一辈子，却只得到科举制度中最低级的功名"生员"，也就是秀才，秀才是低级缙绅，没

有当官的资格，只能当私塾老师。塾师的收入也是微薄的，而父亲林宾日这一辈兄弟五个，家里人多，祖产太少，生活日益窘迫困顿，不得不借贷度日，最终债台高筑。祖父去世后，仅有的田产也被变卖了偿债，仍然未能偿清。

林宾日排行老四，自幼家贫失学，13岁才入私塾读书，29岁才靠着自己慢慢积蓄的财产娶到了妻子陈帙。古人云三十而立，林宾日固然在30岁那年中了秀才，有学问，有妻室，但仍然是"家无一尺之地半亩之田"。31岁的时候，夫妻俩在福州左营司巷典买了一间小屋。典买不是购买，而是支付典金居住使用，典期届满后退还房屋收回典金。林宾日没有财力购买，但需要一个住处，因为，他的儿子就要出生了。

长子林鸣鹤不幸夭折了，一直到林宾日36岁本命年的时候，林则徐出生了。一七八五年也就是乾隆五十年农历七月二十六的夜里，林宾日做了一个梦，梦见凤凰于飞，他想到"天上石麒麟"称号的南朝才子徐陵（字孝穆），因此给儿子取名"则徐"，字取"少穆""石麟"。有人认为，南朝的徐陵家风谨严，整个家族的成员都是刚正严肃、诚恳谦逊，他本人连皇族和权臣都敢当面弹劾。恐怕林宾日希望儿子身上也能有这样的风骨吧。也难怪林则徐后来刚正大气，他曾写过"海纳百川有容乃大，壁立千仞无欲则刚"的人生信条，林家的家风也诚然是所来有自的。

父亲林宾日亲任林则徐的私塾老师。林则徐四岁的时候，林宾日在罗氏家塾任塾师，就把林则徐也带到课堂上教他读书。今天，在福州南后街的林则徐纪念馆里，有一幅简笔画《抱膝教子》，画的就是林宾日抱着林则徐在私塾上课。另有一幅木刻线描画，林家虽然捉襟见肘辛苦度日，但林宾日性格恬淡自适，在家中养鹤怡情，在这种半隐居的生活中，他不随流俗，把主要精力都用在了教育子女方面。林则徐纪念馆里有水榭戏台，水岸边就塑着林宾日放鹤的雕像，颇能复原当时情形。都说严师慈父，父亲亦师亦父，却并不严厉，这种温和的性格竟然培养出了一位刚毅的政治勇士，其奥秘何在呢？据林则徐后来回忆，父亲的教育方式不过激不严厉，从不打人，就连大声呵叱也极少，教授诗书时往往言传身教，循循善诱，他就在这种氛围中养成了善于学习和乐于学习的习惯。

线描画中，林家的女人们没有闲着，母亲陈帙带领家中女眷，忙着做女红。林则徐回忆说，她们的双手往往被冻得皮肤皲裂，却都要坚持到更深漏尽，母亲陈帙与父亲一样，希望儿子读书科考光耀门楣，所以多做女红贴补家用，决不让儿子分担任何劳作。这给林则徐以激励，却也让他心生愧疚，这种无暇事农的愧疚伴随他一生。许多年后，他做了父亲，在训教儿子的时候，曾极力劝他们倾心事农。在江苏任上，他根据江南的气候，提倡种植双季稻，并且亲身实践，在江苏巡抚的署园中，开辟了试验田，试种早晚稻，筛选优良稻种，研究"区田法"以增强稻谷的抗风能力，还改进了龙尾水车。在新疆流放地，他徒步万里量垦田，并引种福建的林木栽培在北疆，史称"林公林"。

这其实就是中国几千年来耕读传家的文化传统。记得清朝名臣纪晓岚曾经写过一副对联：

一等人忠臣孝子,
两件事读书耕田。

林则徐出身寒门,通过自身努力,终成一代儒臣。他似乎对农民有着特别深的感情,广修水利,垦田兴农,这事农的精神,与禁鸦片烟,主战英夷,平定叛乱,镇抚边陲一样对后世垂范久长。

少年于清贫生活中,林则徐读书自然吃得了苦,他曾撰写一副对联:

家小楼台无地起,
案余灯火有天知。

颇能摹写"家徒四壁仅一灯"的寒境。而有时候,这案头仅有的一盏灯,也有点舍不得消耗,他还写有另一副对联表达这份珍惜:

静坐读书各得半日,
清风明月不用一钱。

就在这苦读之下,13岁的林则徐府试第一,紧接着又考中了秀才,这一年他和朱紫坊的名儒、曾任河南永城知县的郑大谟的女儿订了婚约,郑淑卿那年才10岁。6年之后,林则徐中了举人,两人完婚,之后就是相伴44年的婚姻。林则徐一生奔波操劳,夫妻长年两地分居,他却没有纳妾,可谓"从一而终",是个好丈夫。

林则徐在福州鳌峰书院求学7年,主持书院的是进士郑光策,这位老师的学问不同于当时士大夫们的空谈义理和词章考据,而是经世致用,学风刚正。同族当中还有一位长辈叫林雨化,为人刚正不阿,因告发福建按察使而被人诬告,后来发配新疆,他的人格对林则徐影响巨大,巧的是,林则徐后来弹劾众多官员,而且包括琦善这样的重臣,同样也发配新疆,重蹈了林雨化长辈的覆辙。林则徐后来结交的朋友当中，包括桐城派古文家姚鼐、两江总督梁章钜、思想家龚自珍、改革家魏源，都属于务实精干的经世致用一派。

中举人之后，林则徐两度考进士落第，但他没有灰心，一方面积极备考，另一方面辗转在福建的地方政府中任官员的幕僚，先是在厦门，后来被福建巡抚启用。

嘉庆十二年（公元1807年）的除夕，福建巡抚张师诚照例收到不少各地属下寄来的新年贺禀。他并没有多在意，只是漫不经心地挑一些来翻阅，居然发现其中一篇极其出色，刚劲有力的字体、严谨正直的措辞，让他大为惊喜。他随即命人寻查作者，立即召请相见，要试一试此人的才学。

就在这个除夕的黄昏时分，林则徐匆匆赶赴公署，在三坊七巷爆竹声声之中，这位22岁的青年学子，有幸与福建的最高官员共度佳夕，促膝长谈。春节过后，林则徐就在巡抚的幕府中做了一名幕客，协助巡抚处理公务和奏稿文牍，从政能力得到切实的锻炼。

也就是在巡抚幕府的生涯中，林则徐终于改善了家庭经济状况，数年里他积攒的酬金，清偿了祖父遗留的积债，也买断了父亲典来的左营司巷小屋。

第三次进京会试，林则徐金榜题名，列二甲第四名，也就是总排名第七名，发榜后被点为翰林院庶吉士，成为高级官员储备人才。26岁中进士点翰林，接下来步入仕途，敢言直谏，刚正果毅，深得两位皇帝的器重，最终荣升一品大员，在高位上保国家、促改革，把个人的生命彻底融入中国与世界的大历史之中。他不仅实现了读书人光宗耀祖的最高理想，而且思想辉耀世界，人格永垂千古，这样的人生堪称精彩无二了。

家训

像其父亲一样，林则徐生子也晚，19岁完婚，直到29岁时，长

— 家 风 —

子才出生。林则徐与妻子郑淑卿恩爱44年，生有四子四女，其中次子林秋柏和次女林金莺夭殇，养育三子三女长大成人。长子林汝舟中进士点翰林，与父亲林则徐走相同的科考路径，官当得不大，任侍讲学士，负责文史编修，是一个学者型的人才。三子林聪彝虽没有中进士，只是个举人，但从政的经历与父亲早年相似，在浙江巡抚左宗棠的推荐下，授知府，提道员，署浙江按察使，杭嘉湖道，督修海塘，建了不少水利工程，晚年在福州治水终老，他算是继承了父亲治水的功业。幼子林拱枢也是举人，做多省的监察御史，整顿吏治，敢言直谏，继承了父亲刚正不阿的精神。三兄弟的身上，多多少少都有其父的影子，而且能有如此功业，林则徐的家训居功至伟。

长子林汝舟早年随父亲在京城，林则徐觉得他还算谨慎小心，可以放心，但后来发现完全不是这样。林则徐离京赴广州禁烟，刚到广州，就立即写家信一封，以五十多年的人生阅历告诫长子，近朱者赤，近墨者黑，择友之道务必谨慎，对上级领导尤其应该恭敬小心，同事之间应该虚心和气地相处，他在信中说："为父我为官三十多年来，从来没有对任何人疾言厉色过，你跟随我这么多年，应该都看在眼里的，是是非非的事情不仅要少管，更要少听，一旦有差错，不仅自己会遭殃，就连身居高位的为父我，也会有难以预测的灾祸啊，不可不慎之！慎之呀！"

林则徐对长子如此规劝，是有原因的。那个年代，全国鸦片烟流行，据林则徐自己调查，吸食鸦片的，在广州十占其五，官场上染上烟瘾的比比皆是，更令人震惊的是，身为禁烟领袖，其家族在福州的族亲晚辈中，竟然也有不少染上这一恶习的。在一封写给夫人郑淑卿的家书中，林则徐不无担忧地说："我听说咱们林氏家族里，有些小辈有吸食鸦片烟的，这是林氏家族的不幸啊，不知道他们父母兄弟们在做什么，竟然放任自流到如此恶劣的地步，咄咄怪事！我不得不担心咱们大儿子汝舟，他在京城，公务繁忙，每天晚上睡觉很迟，交的朋友也很多，不知道有没有染上鸦片烟瘾呢？我得赶紧写信给他，痛下警戒，绝不许染上烟瘾。夫人你若写信给他的时候，也务必要提到此事啊。"

后来，林则徐果然修书一封，专门谈及吸食鸦片烟一事："听说你睡觉很晚，这样不好，做什么事都要按时作息，清晨早起，晚上早睡，何况在京城当官终究是清闲的，不比外省官吏繁忙，一到夕阳在山，就可以下班回家了，何必挨到深更半夜呢？鸦片一物，更须屏绝，否则，非吾子也！"最后戒烟的话说得很绝情，但是，这才是真情流露。

三儿子的问题是学业不精，读书用功不力，父亲林则徐归因于儿子的天资不足。在训三子书信中，林则徐老大不客气地说："你今年已经19岁了，为父我13岁的时候已经考上秀才，20岁乡试中了举人，你现在还是穿着青衫的秀才。本来嘛，三个儿子当中，只有你的天资最为愚钝，我固然没有指望你成功成名，但也盼望着你能成为一个老实敦厚的青年。你如果能放弃诗书文字，改学种庄稼，我倒觉得很欣赏的。士农工商，在这四种民众中，农民是第一位的，是世界上第一高贵的人。所以，我在江苏的时候，就嘱咐你母亲，购置福州城北城墙外空隙的地方，建筑一幢别墅，并且购买别墅周边适合种粮的田地四十亩，自己家雇工耕种，就是预备着给你和拱儿（幼子）将来学种庄稼的。你现在已经是秀才了，从此后，就放弃诗文，住在别墅里，跟着雇工学习耕田种庄稼得了。黎明就起床，从早忙到晚，整天辛勤劳作，而不知疲倦，这就是生长在田园里的优秀的青年。"

三子林聪彝远在故乡，不在林则徐的身旁，也许曾经风传有过不学无术、浪荡混世的嫌疑，所以林则徐在信中告诫他"不要贪图和留恋家园的安逸而不树立远大的志向，好男儿以桑木为弓，蓬草为箭，射天地四方"。在给夫人的信中，特别指出："务必叮嘱三儿子，为人处世千万要小心谨慎，切不可依仗父亲的势力，与地方官府随便来往，更不可以干预地方各项事务。"这口气，似乎儿子不免在家乡利用父亲的名望，做一些官商往来的事情。

至于小儿子，林拱枢尚且年幼，他出生的时候，林则徐已经43岁了，由于公务繁忙，恐怕无暇顾及其成长和学业。这位小儿子从小即显露出艺术天分，喜欢执笔在纸张上涂涂抹抹，母亲觉得如果培养出一位画家也是林家的荣耀，可是林则徐并不如此认为。他专门写信给小儿子："拱儿，你已经13岁了，我在你这么大年纪的时候，已经被举荐成了秀才，而你如今连一篇完整的文章都作不出来，并且文笔也很稚气，很难指望你能有所成就，这正是你不专心苦读所致呐。听你母亲说，你喜欢绘画，为父告诉你，绘画其实不过是一种技艺，自古以来以画名传世的大画家，扳着指头也数得过来，其余要么是名人或高雅的人士，要么就是身世显赫的达官显贵。如果说胸中尚无点墨，茅塞未开，画理不明，所画出来的画必然很俗气，充其量也只能成为一个普通的画匠而已。如果想要成为一代绘画大师，首先必须满腹学问，诗词都要擅长才行，如此基础有了，再稍微有些名气，绘画的笔墨技法才可能超凡脱俗，这样才不至于被人所轻视。"

在林则徐的家信当中，读来多数属于技术性问题的提出和解答，似乎对理想教育提及不多，其实不然。林则徐虽然着墨不多，但信中言辞之间，总是流露出对一个人的安慰和关心，健康生活总是第一位重要的，其次是平和的人生态度，学习和功业则属于谋事在人成事在天，即使没有任何官职或名声，只要耕读治家，平平安安，一生也就算是完满了。以一品大员如此高位，林则徐能有这样一种人生信条，难能可贵了，这看似平淡的思想，实则坚如磐石，正是他一生取之不尽的力量之源泉。

严复写道：秋天的后半夜，偶尔从睡梦中醒来，往往听到母亲的啜泣，让我这个已经12岁的家中唯一男人陷入撕心裂肺地痛苦之中。

严复的母亲：看，那片海

严复的祖上可追溯到唐朝的末年，在将近一千年的历史长河中，聚居于福州乌龙江畔的这一支严家，并没有出过显赫的历史名人。严复可以说完全是底层出身，祖上也似乎没有什么聪慧的基因代代相传。而且，严复从小家境落拓，命运多舛，没有谁敢大胆预言，他未来将成为中国近代最重要的启蒙思想家之一。

事实上，严复在中国思想史上的地位，几乎可以和法国的卢梭相提并论。

仔细检索严复的一生，尤其是他曲折的童年学习和生活，可以相信，命运其实是这样一种东西：首先是一种可以深切感知却不可捉摸的历史大趋势，然后，在这种历史洪流浩浩荡荡奔涌向前的裹挟之中，极微小的生命个体，其自身努力，在诸多的偶然中隐含着一种无法预知的必然性，恰巧与时代相形相生，恰好顺应了这最大的一次历史大潮，在风头浪尖上，成了"手把红旗旗不湿"的弄潮儿。

他可以被看作是一个成功的励志样本，他的一生是一个传奇。

家世

晚唐，国将不国，各地诸侯并起。王潮、王审知兄弟俩前往福建，河南光州的严怀英就在这支南下的大军中。因为获得军功奖赏，严怀英被任命为五品文官"朝请大夫"，属于中级技术官僚。严怀英来到福州之后，觉得乌龙江畔的阳崎是个好地方，山多灵石，水无浊流，天然明秀，人文荟萃，于是定居于此地。

转眼过了八百多年。其间，阳崎的严氏繁衍生息，也曾经出过御史，也曾出过巡抚，相当于如今的中央纪委监察员和省委书记这样的高级官员，但世世代代并没有出现过震古烁今的显赫人物。严氏的后人在回忆祖先功业时说，严家世代耕读传家，治家有孝子，代代出善人，在阳崎一带的本乡本土，受到乡民和近邻的敬仰。

八百年之后，严复这一支成为靠专业技艺生活的低级士族。他的祖父和父亲两代，均以中医为职业，在福州南台岛苍霞洲开设了中医诊所，为了生存，全家就移居到了市区。

可以说，严复有一个不幸的家庭，这不幸的根源来自于他的父亲，准确地说是他父亲的不良嗜好。

父亲严振先，号志范，自幼随父学医，医术高明，在南台岛六十多乡享有很高的声望，福州人送他一个外号叫"严半仙"。严振先传承了中医的公益传统，常常为乡民义诊，为穷人免费治病。按理说，行医治病，不管在古代还是现今，即使不能大富大贵，但至少也能维持小康之家的生活水准。但可惜的是，严振先有一个相当严重的不良嗜好，就是赌博。因为赌博，严家虽有祖传的精湛医术，却往往是"囊中无余钱，家中无恒产"，并且因此而欠下一身的赌债，祖上几代人积累的家业在父亲这一代败得差不多了。

一八六六年，严复满12周岁，事先谁也无法预料，这一年成为他人生中最重要的一个时刻，一个最重要的"坎儿"。这一年，几乎所有人生中最重要的大事，一股脑地袭击而来。

春天的时候，同乡姓王的一家素来仰慕严振先行医的盛名，把女儿许配给严家的这位少年。这是开年的一件喜事。

然而，到了夏天的时候，疫病横行，福州城从春末开始就霍乱病毒肆虐，父亲严振先身为中医，当然投身在抢救抗病的第一线，忙碌不歇。然而就在抢救霍乱病人的时候，父亲受了传染，农历六月二十四，不治身亡，年仅45岁。这是年中的一件丧事。

秋天的时候，发生一件苦事。父亡家贫，严复断了经济来源，再也没钱继续读私塾了。老师也走了，家里又贫困，于是全家搬回到了乡下阳崎的祖屋。很多年后，严复写了一首诗《题簦灯纺织图》，回忆这重要的一年：

我生十四龄，阿父即见背。家贫有质券，赙钱不充债。陟冈则无兄，同谷歌有妹。慈母于此时，十指作耕耒。上掩先人骸，下养儿女大。富贵生死间，饱阅亲知态。门户支已难，往往遭无赖。五更寡妇哭，闻者堕心肺。

（中国传统计龄为虚岁，严复生于农历岁末阳历年初1月8日，所以周岁要小虚岁2岁。——作者自注）

— 家 风 —

　　翻译为今天的话,大意是:在我14岁的时候,父亲就去世了。家庭陷入了贫困,父亲遗留下来的只有一些质押券,就连老家的祖屋也有一半房产被抵押给了别人,家里所剩的财产不足以偿还这些债务。我上无兄长,下有两个妹妹,这样一来,家里就全凭母亲的一双手耕作糊口。刚刚安葬了父亲,又要养活一子二女,亲人死生之际,家庭由小富即安的中产生活,迅速坠入穷困之中,在关键时候,一些亲朋却自私自利,不愿伸手帮忙,我们一家阅尽世态炎凉。就这样的独门小户,已经难以支撑,却往往还有无赖之徒登门讨债,甚至强占房产。秋天的后半夜,偶尔从睡梦中醒来,往往听到母亲的啜泣,让我这个已经12岁的家中唯一男人陷入撕心裂肺的痛苦之中。

　　父亲以45岁正当年富力强之时去世,这个不幸的家庭顿时陷入了困境。父亲的离世,严复和两个妹妹被抛给了孤苦无助的母亲。

　　母亲姓陈,这时候33岁。她是一位平民的女儿,身上具备平凡女性都有的特点:勤劳、朴素、善良,擅长耕作和针线活。最关键的是,作为母亲,肯为子女成长而承受苦难,不管是物质生活的困境,还是精神尊严的打击,一切不幸的暴风雨到来之时,她都能坚强地面对。但是,纵然她有万般坚韧,门户难支,无赖横行,仍然无法抑制地"五更寡妇哭"。

　　家里的顶梁柱折了,严复即使不能为家里承担糊口之责,至少也需要寻求经济独立的途径了。恰巧在这个时候,一件好事送上门来。

　　冬天的时候,福州开了一间"求是堂艺局",正式招生了。这就是后来马尾船政学堂的前身。

　　然而在当时,船政学堂是什么,谁也没有见识过这新鲜玩意儿,富贵人家是断不会把子孙送到这样的专业新式学堂去吃苦的,吃点苦倒没什么,学成之后能做什么,能不能参加科举考试加官晋爵,这条中国人走了一千多年的传统路径,在相当长一段时间里,是不会有大的认知改变的。

严复读不了私塾，他要上这个学堂了。他上船政学堂，看中的是这里不交一分钱学费，相反，但凡考取者，食宿和医药费用由学堂供给，此外每月还额外发四两白银，以补贴学生家用。激励措施也很诱人，每三个月考试一次，凡考列一等者，赏洋银十元，而且五年之后，学成毕业，还承诺以水师员的身份被国家水师录用，一旦录用后，薪水照外国监工和船主的银数发放。

如此优渥的薪酬条件，给贫穷的底层读书人带来一线希望。换句话说，严复是出于生活所迫，才前往报考了船政学堂。

母亲

然而，船政学堂并不是完全没有门槛——需要找一位绅商出面担保才行。

严复出身寒微，家庭与官绅向来没有什么交往，加上父亲又亡故了，到哪里去找这样的担保人呢？

严复有一位叔叔，叫严厚甫，是在乡的举人，恰恰符合乡绅的身份，他是有资格担保的。可是，当严复母子二人登门求助时，这位叔叔竟然怕惹事端，无情地拒绝了这个请求。一时间，母子手足无措。

说起来，这位严厚甫叔叔还是严复的开蒙老师，他为什么如此固执呢？原来，严厚甫在清朝末年光绪年间中的举人，他是一位循规蹈矩、不苟言笑的儒生，侄儿严复又是自己的学生，他自然希望严复能走上科举之路，所以教授严复的课程都是《大学》《中庸》等儒学经典。现在，严复要彻底抛弃这些传统的国学，去读什么西式的技术学堂，一方面是他原本就不赞同的，另一方面这不听话的学生所走的路，对严厚甫未来的执教生涯也是一个名誉上的损失，他自然反对了。

同族中有一位前辈，帮无助的母子出谋划策，说既然厚甫是亲叔叔，三代直系，祖宗相同，不妨瞒着他，直接将上溯三代的名讳、职业，以及叔叔的功名经历照填不误，这也算是真人实事。只是，还需要加盖一个严厚甫的私印呈送上去，以后一旦有对保查询的时候，他身为亲叔叔，怎么能当众否认呢？

母子二人就按前辈的计谋行事，果然一路通行无阻。据说，后来这位严厚甫举人还是发觉了此事，曾找上门来破口大骂，扬言要上书禀告，而且要退保。母子二人痛哭流涕，当众向叔叔下跪，事件才得以平息。

就这样，凭着这样一份有"造假"嫌疑的入学证明，严复总算迈进了船政学堂的门槛。

应试的时候，学堂入学考试要作一篇文章，题目是《大孝终身慕父母论》，严复刚刚遭受丧父之痛，亲身经历了父亡母苦的生活挫折，这篇入学作文写得声情并茂，得到了船政大臣沈葆桢的赞赏，严复竟然被录取为第一名，也就是第一届船政学堂的几十位学子当中的"状元郎"了。

多年之后，严复回忆当年入学考试时，写了一首诗，其中一句说"尚忆垂髫十五时，一篇大孝论能奇"。其实严格按周岁算来，严复当时年仅12岁。

第一批船政学堂的学员录满105人后，总督左宗棠写了一封信函致总理衙门，赞扬福州的学子们说："福建的求是堂艺局学生，都是十几岁的孩子，他们出身于民间底层，而且粗略地学过文化，我听洋教师博赖告诉我，他们都非常聪明，善于学习，善于领悟，教他们新的西式知识，很容易就学会了。最近我听意格也这样评价过，可见中国的人才原本是比洋人要更胜一筹的。"

就在严复15岁生日的前两天，船政学堂开学了。由于马尾的校舍尚未建好，学校暂时借住在福州市城南于山的定光寺，也就是现在的白塔寺。

学堂开设两个专业，一个是造船技术，一个是航海学，严复学的是航海学。这门学科要比造船专业更难，需要掌握的知识更广泛，天文、地理、物理、化学、数学、声学、光学、电学、气象学、物候学无一不学，可以说是一门复合学科。造船专业要学法语，航海专业要学英语，这些对严复来说，完全是新鲜的体验，严复都能够认真踏实地履行一个优秀学子的责任，始终保持学习成绩名列前茅。

学科学，还得学人文。船政学堂与完全西方式学校不同，仍然要学习四书五经。船政学堂的创办者沈葆桢每隔一段时间就要亲临学堂，规定大家每天在课外要读《圣谕广训》和《孝经》，而且还要像古人学习那样练习策论，为的是明义理，懂大义，培养对国家和民族的责任感，熏陶胸怀天下的情怀。而且，每半年都要由这位船政大臣亲自测验，给每位学子评出"勤惰"，勤的学生"升"，惰的学生要"降"，所以学习压力不可谓不大。

然而苦归苦，这最初的学习生活，给严复的一生养成了好的学习习惯，也让他终身受益。晚年回忆于山定光寺的生活，严复在《海军大事记弁言》里写道："每当早晨和傍晚，定光寺总要响起晨钟暮鼓，念经的梵音与学子的读书之声就像互相应答一样。那一段前尘往事，塔影山光，在半个多世纪之后仍然时常出现在我的梦中。"

读书期间，严复的二伯父严恭诒去世了，严复陪伯父家的堂弟严观澜，随伯母一道搬家回到乡下的阳崎旧居，他写给堂弟的信写得悲情感人而又不失深情：

"一时间咱们两家陷入了同样的贫困。我们都是父亲亡故，上只有寡母，下有弟妹，两大家子的孤儿寡母，呆呆地站在台阶上，四面环顾，没有任何财产，眼看着过上朝不保夕的生活。有一天，你一定也记得，伯母带着你和我二人，从南台岛坐船搬家回乡下祖宅阳崎，我们俩不习惯坐船，受不了那份摇晃和颠簸，趴在船的仓底眩晕呕吐不止。就这样一直到天色深黑，才回到了乡下老家，弃船登岸，走几步就到了老屋。结果老屋的宅院有一半房屋因为质押给别人抵债，一直没有能力赎回，别人正居住着。而老屋的南墙已经坍塌了，站在屋内，上可望见星星，下却只见一片瓦土。伯母含着泪，指着这老屋跟我们俩说：'幸亏你们的祖宗遗留下这百年祖屋，无论怎样还能为咱们遮风挡雨，要不然，咱们可怎么活呀？'当时你和我虽然年幼，却都悲伤得不能自抑。"

幼吾幼以及人之幼，老吾老以及人之老，严复对伯母的感情尚且如此，对母亲的感情自然也是深沉而真挚的。后来马尾的校舍建好了，船政学堂搬离了福州，而且学习任务更加繁重了，要和母亲见一面也更难了，不过母亲的教诲，严复却是铭记在心的。

他一定还记得一件小事——关于严复的童年时代的记载很少，但这件事却十分生动，常常为人津津乐道。那还是他5岁的时候，邻居家在开凿水井，掘井架子高达一丈有余，严复偷偷地爬到井架上，向下俯视井底，大叫"好圆呐！好圆呐！"母亲听见了他的叫声，赶紧跑出来看，不看则已，一看大惊，唯恐他因为害怕而掉下来摔到地上或者坠入井里，所以也不敢大声斥责他。于是，母亲假装很惊讶地夸他："儿子呀，你可是真的比别人强呀，不过如果你能沿着梯子下到地上，你就更厉害了。"严复为了逞能，给母亲表演了下梯，总算平安着地了。不过，等着他的是屁股上遭到一顿竹片痛打。

这个故事至少说明了严复母亲的教导是有方法的，也许，这方法是出于一个母亲的本能反应吧。

转眼在船政学堂几年了，严复以优异的成绩毕了业，开始驾船实习，每次出海，少则两三个月，多则一年。海天荡漾，往往很多天见不到陆地，有时候则是台风大作，巨浪如山。在颠簸的海浪之中，严复操作自如，手和脚的配合非常的娴熟，神色很镇定，在评分中总是得到优的等级。实习的时候，他驾着中国第一艘军舰，走遍了中国海岸线，南下也去了南洋一带，甚至还到日本炫耀了一番。毕业后，他又去了更远的地方——英国，继续深造于皇家格林尼治海军学院。

严复走得越来越远了，他离家越来越远，他一直奔波在救国的路上，这一走就再也没有回头。

他没有时间陪伴母亲，直到三十多岁时，母亲生病，严复才有时间撇下繁忙的公务，"奉母归"。他在回乡照顾母亲之余，顺道参加科考，但数次考试都是乘兴而去败兴而归。到他 35 岁时，母亲病逝了，享年 56 岁。

子欲养而亲不待。这成了严复一生最大的遗憾。

为了感恩，钱穆后来移居台湾，他在台北外双溪的房子，就命名为素书楼。

钱穆母亲的素书堂

江苏无锡的钱氏家族，据传是一千多年前五代时期吴越国王钱镠的后嗣，历代俊杰辈出，钱谦益、钱大昕是明清时代的国学家。在过去一百年的历史上，无锡钱家也是人才辈出，钱基博、钱穆、钱钟书、钱伟长等都是无锡钱氏各支中的杰出代表，其中钱穆和钱钟书在中国文化史上留下了浓重的印迹。

钱钟书成为著名小说家，这固然是个人禀赋使然，但与其伯父开蒙、父亲授讲等也有很大关系。相较而言，钱穆因庭训较少，只能靠自身努力。并且，钱穆父亲在学术上的水平不如钱基博如此深厚，但在精神指引和行为示范上，两位父亲做得十分出色。

父亲

钱穆的父亲钱承沛，应了"小时了了，大未必佳"的古话，小时候是个机灵鬼，长大了却是个"倒霉催"。此君3岁时即有神童之称，双目炯炯发光，人称"净眼"，据说能看见鬼神，过了12岁才恢复常人。不过他读起书来绝非常人可比，携书躲在一间破屋之中苦读不辍，任十头牛也拽不回来。

夏天的深夜，蚊虫肆虐，钱承沛找来两个大酒瓮，双腿藏在酒瓮之中，苦读如故，这有趣的细节，让头悬梁锥刺股的读书古训有了现代的创新和演进。每每读到深夜，甚至过了四更天也不还家，有人在屋外催促赶紧睡觉，到次日早晨问他，竟然不知道昨夜有谁及在何时曾唤过他的名字，苦读地全身心投入可见一斑。

不过，钱承沛所读并非应试的八股文，因此走不上当时的"正途"，反而读坏了身体，3次赴南京乡试均在科考场中当场病倒，没有一次是考完的。

有一次科考，试题出的是《孟子·梁惠王》"齐人将筑薛"，钱承沛只完成了这一篇，一时间为人争相传诵，名声大噪。虽然科场失意，但远近慕名来求学的有四十人之多。钱承沛数考不中，一气之下决计放弃科举考试，开馆授徒。怪的是，所有经钱承沛调教的文士，科考均不中，于是也断了教授的生涯。

再后来，这个五世同堂之家，家族及邻里的杂事过多，且不分大小都要请钱承沛商定，不到30岁他已经俨然是族长，读书生活渐渐疏减，这个神童就泯然众人了。

钱承沛在清代重演了北宋时王安石笔下"仲永"的故事。很多年之后，他的儿子钱穆在 80 岁高龄时回忆父亲，并没有王安石的那种惋惜之情，对父亲青少年时代不走八股取仕，反而任天赋自由发展，给予了正面的评价。

父亲写的两篇文章对钱穆一生影响很大，一篇是《春山如笑赋》，写的是钱家祖屋七房桥南的秦望山，景色描写极佳，钱穆一生爱诵魏晋以下直到清代的文人小品文，尤其喜欢自然山水，这性情的养成正是发端于此。另一篇《岳武穆班师赋》，以骈四俪六的古典文体赞颂岳飞，钱穆自幼便知民族观念，又特别注重忠义，渊源于此。

母亲

钱穆在追忆父亲幼年时，无意间指出了中国传统文化中以耕读传家的家庭传承：父亲钱承沛的幼年苦读，"盖得先祖母之教督"。在这诗书传家的文化传统中，女性角色至关重要，是少不了需要浓墨重彩记述一笔的。

国学大师钱穆本人就更是如此了，12 岁时父亲去世，教督之责自然落在了母亲的身上。

钱穆出生时，三天三夜大哭不休，父亲抱着他绕着屋内踱步，噢咻噢咻地哄他，并跟母亲说："这孩子估计是命中贵人，误生在咱们家了。"父亲每天晚上回家时，总会带点小零食，比如糕点啊、酥糖啊之类的，放置在床头的案几之上，用帽子或大碗盖着，小钱穆晨起后揭开，开心地享用。等到钱穆 7 岁时，入了私塾读书，床头零食不见了。母亲告诉他："你已经入了私塾，是学生了，应该逐渐懂得学习做一个大人的样子了，跟你哥哥姐姐一样，晨起的点心就别再寄期望了呵。"教诲谆谆。

母亲对钱穆兄弟姊妹们从无疾言厉色，子女偶有过失，决不责骂，态度反而更加的温婉，期冀着子女们能够自己幡然悔悟。言谈之间尽是些家常闲话，循循善诱，表面上是闲谈，实际上句句皆是教诲，都有一个中心议题在。

父亲亡故后，家族人前来吊丧，才知道钱穆家贫困艰难，于是族人倡议出资援助孤儿寡母的生活。母亲哭着婉拒，考虑钱氏家族有此惯例，终于接受了，但对子女们说："你们兄弟可听着，希望你们能够立志早一天谋生自立。"但是不久之后，族人两次牵线介绍钱穆的大哥去苏州、无锡两地的商店任职，母亲都不允许，说："夫君在时教老大老二这两个儿子读书，用心良苦。如今长子学业未成，我应当遵从夫君的遗志，为钱氏家族保留几颗读书种子。让他为了养家而就这样放弃学业，实在不忍心。"第二年，大哥果然考上了常州师范学校，后来以第一名的成绩毕了业。

一九一二年暑假，钱穆大病一场，差一点夭亡。母亲在素书堂悉心养护，从早到晚不离开病床之侧，夜晚就和衣睡在钱穆身旁，尽管天气酷热，却不扇扇子，整夜不合眼，一直到过了将近两个月，钱穆病消退。为了感恩，钱穆后来移居台湾，他在台北外双溪的房子，就命名为素书楼。

成年之后，钱穆辗转任教于各大学。抗战时，家国离乱，钱穆随学校生活于成都、昆明等西南边陲，与母亲见少离多，掐指算来，从一九一二年大病之后，到一九四一年母亲去世，30年间，只有三次机会陪伴母亲身边，总共不过三年时间，钱穆引为人生一大憾事。

钱穆说过，念想生平，对父亲实在毫无印象，略知一二也都是从母亲和哥哥的转述中得来，而哥哥对父亲的印象，多半也来自母亲的讲述。母亲为人，外和而内刚，与人相处施与人者多受于人者少，即便对子女也是如此。所以，常常想到中国古人总以春晖来比喻母亲的慈恩，钱穆在母亲的身上获得了最深切的体会。即使是家里养一只猫，养一只鸡，母亲对这些小生命也都充满了慈恩之心。

一九七四年，钱穆80岁时，他才于学术研究的百忙之际，抽出时间撰写《八十忆双亲》一书，6天时间一挥而就，这本小书声情四溢，只有短短的12篇，其中专门写母亲的就达4篇之多，可见母亲

的影响至深。在书的结尾,钱穆写道:

"每一念及先母,其慈祥之气色,其周到之恩情,使余能歉疚渐消而重获新生。八十年来,非先母之精神护恃,又乌得有今日,及今追述,固不能当先母平日之万一,然亦何以竭此心所存之万一乎?亦窃愿掬此心以告当余世之同为孤儿者,庶能获此心之不孤,然亦何以报先父先母于地下。悠悠苍天,我悲何极。"

为孤儿,而内心不孤。生于乱世,颠沛流离之时,却能恒心恒念,终成一代国学大师。钱穆是凭着从母亲那里获得的精神力量,一路走来,不觉孤独。

母 亲

岁月一天天在寻常的油盐柴米中消逝，

刻在心灵深处的记忆却永远也抹不去。

母亲的爱，

永远沉淀在心湖的湖底里，

常常泛起一阵清波，

在心头荡漾着粼粼的光辉。

我的作家朋友罗西有一句诗：母亲，我是选择你之后，才选择这个世界的。母亲给我们生命、慈爱，也是我们最早的启蒙老师，比晨曦还早地照耀我们的人生，母爱的智慧与力量，决定了一个人的未来的天空有多蓝有多大。

— 母 亲 —

孔子父母年龄相差将近半个世纪,不合当年礼仪,故称"野合"。

也许你不懂孔子妈妈的忧伤

　　正史中对孔子的母亲记述太过简略,简略得让想象空间复杂得多了,于是百代之下,猜想颜徵在成为许多不太严肃的经学家们茶余饭后的癖好,而孔母也渐失其真正面目了。

　　到了二十一世纪的今天,遍读史书,无论正史野史,那些零零碎碎的材料细节,也很难为我们描画出一个完整的孔子母亲的形象,于是只能靠把各种琐碎的细节，用考古的方法，一片一片拼接起来，空隙缺失之处还得靠一些猜想或想象，才能得到这一个并不确定的形象。好在不管过几千年，我相信人心总是相通的，把孔子还原为一个普通人，把孔子母亲也还原为一个普通人，感同身受，设身处地地体会一个人的难处，多少也还有一些"真实"在其中吧。

孤儿和寡母

孔子有九位姐姐和一位哥哥，兄弟排行第二，故后人打倒"孔家店"的时候，不客气地直呼他为"孔老二"。父亲叔梁纥，也称孔纥。孔家说起来还是王族的后代，祖辈可上溯至殷商王帝乙，微子启是帝乙的长子，著名的商纣王的亲哥哥，但历史上说微子启是庶出，后世考证说微子启出生时，母亲尚未封妃，故称庶出。母亲封妃后，商纣王出生，有了嫡出的身份，继承了大统，但却也在手上葬送了有商一代。周武王之后，封微子启于宋国，数代之后，再奔于鲁，孔子一脉由王族到贵族，再到公卿，一路沦为士族了。

中国历史上有一个有趣的现象，当一个王朝开启之后，越是鼎盛时期，帝王的子嗣越是众多，子嗣间争权夺位的残杀也越激烈，而到了王朝的末代，往往出现后继无人的窘境，只好借旁系来支撑，而王位却像国家一样摇摇欲坠了。所以，反过来也可以说，生育能力的高下，几乎也能佐证王朝的兴盛和衰败。这可能也是中国人极重生育的一个原因吧。

国家如是，家族亦然。孔纥长于家族衰微之际，偏偏不巧，正室娶的是鲁国的施曜英，一连生了九个女儿，无子。纳了一位小妾，倒是生了一个儿子，叫孔孟皮，可惜孟皮的腿脚不灵便，以今天的猜想，多半是小时候患了小儿麻痹症，或者感冒高烧，总之是导致下肢有残疾了。孔孟皮虽残疾，却不至于像三国时魏国经学家王肃在《孔子家语》里说的，孟皮"废人"。他至少生有一女，我们读

《论语·先进》可知，孔子安排把这位亲侄女嫁给了自己的弟子南宫子容。

有一种说法，说古代女子与残疾者不可传嗣，可能是这个原委，孔纥想有一个健康的后代，于是求婚于士族之家曲阜阙里的颜家。颜家将三女儿颜徵在许配孔纥。这说法是靠不住的，如果是明媒正娶，何以孔子到了19岁时尚不知父亲是谁？司马迁在《史记·孔子世家》对孔母记述不多，说，"纥与颜氏女野合而生孔子，祷于尼丘得孔子"。司马迁实地探访过孔子家乡，他的记述虽然语焉不详，但也是最早的可以相信的证据，姑且信之。

关于这个野合，历来争议甚多，大概有几种说法，一是说年龄相差太大，当时孔纥已经64岁，而颜徵在刚到及笄之年，两人相差将近半个世纪，所以不合礼仪，故称野合。

学者何新研究认为，未婚而合叫野合，交之于田野桑间濮下。野合，实际是上古先民的礼俗。传说伏羲氏始创婚姻分姓制度，伏羲以前之习俗就统称为野合了。此风俗流传民间，一直到秦汉时代仍然存在。贵族君子的婚姻固然严格按照婚姻继承制度来，而民间则仍然存在着传统的村社制，《周礼·地官·媒氏》记载，"中春之月，令会男女，于是时也，奔者不禁。若无故不用令者，罚之。司男女之无夫家者而会之。"这会合其实就是野合。春秋时，楚国的名相斗谷于菟，也是他父亲斗伯比在云梦与一个姑娘野合而生的私生子。

总归说来，至少可以确认，颜徵在与孔纥并没有正规的合乎礼制的婚配，所以孔子是一位私生子。这一点，孔子一生都颇为认同，甚至以此为荣，多次对人讲起祖先微子启的身世，他在庶出这一点上是完全认同这个家族出身的。

但颜徵在对此讳莫如深，所以当孔子3岁时，父亲孔纥去世了，颜徵在没有告诉孔子这件事。一直到孔子19岁时，母亲去世，也未能从母亲口中得知父亲的名讳。从颜徵在的这种沉默，可以想见一个名份缺失的女子，内心承受多少苦楚。

《孟子·梁惠王下》说，"老而无妻曰鳏，老而无夫曰寡，老而无子曰独，幼而无父曰孤，此四者，天下之穷民而无告者。"孔子3岁而孤，颜徵在刚刚成年而寡，孤儿寡母，又不是富贵鼎食之家，不要说古代物质条件贫乏，生存成为一个大问题，就是今天无衣食之忧的情况下，这样的单亲家庭也需要承担相当大的痛苦呢！

史家并没有获得足够的证据，来细细地探寻一对孤儿寡母敏感脆弱的内心世界。孔子述而不作，后世弟子所述，也绝少涉及老师的身世，但是颜徵在独立谋生计，把一个孤儿拉扯成年，这一点是确实的。她没有去孔家谋求名分，没有去孔家索要钱财。相反，她避而不谈此事，一直到死。

孔子19岁时，母亲颜徵在去世，先是谨慎地安葬在五父之衢，这五父之衢，就是无夫之衢，应该是上古时代那些不确定夫家身份的女子们的公墓吧。

在母亲的葬礼上，赶车车夫的老母亲偶然间对孔子提起了孔子的父亲是孔纥，并指明了孔纥的墓地。19岁的孔子这才又把父母的骨骸合葬于一个叫"防"的地方。19年前，父母诞下了他这个后来影响世界的伟大儿子，但生前却没有机会在一起生活，死后终于并肩长眠于地下，对孔子也算是安慰了。

生存和礼仪

孔子幼年的时候，"为儿嬉戏，常陈俎豆，设礼容"，这短短11个字，就是他整个孤独的童年。

俎豆，是上古祭祀时所用礼器。颜徵在虽未获得合乎礼制的婚姻，这对一个女子是天大的不公，但她并不是自暴自弃的人。而是在生活中，时时处处注重礼仪，孔子从小游戏玩乐，接触的都是礼仪，从小就谙熟于礼。所以孔子成年后，不巧逢战乱之世，礼崩乐坏，他终生也都在以恢复礼制为要务。当他从政后，为鲁国司寇，

— 母　亲 —

掌管司法刑狱，他上任七天就诛杀少正卯，以"礼"治国而鲁国大治。这些大手笔，恐怕跟小时候的生活方式不无关系吧。

颜徵在生于士族之家，虽不是极贫阶层，但出身究竟不高，无法像贵族公卿之家那样不劳而获，而是要靠个人的劳动来谋食。孔子这一点上也秉承了母亲吃苦耐劳的品格。

19岁母亲死后，正好鲁国的掌权者季氏大宴宾客，宴请士族阶层。孔子腰间系了白布孝练，主动上门要求"吃请"，却被季氏家臣阳虎逐出门外，说："季氏宴请的是士族，不是你这样的人，你不是士族。"这一件事，对孔子的内心打击一定极大。也就是说，即便是母亲颜徵在的士族身份不被主流舆论所认可，孔子父亲孔纥的士族身份至少也有资格被接纳，但季氏不认可，这就表明当时的掌权者其实是并不认可孔子实为孔纥之后这一结论的。尽管父母已经合葬，但身份仍然未能得到社会承认，这该是多大的打击呢？

孔子没有进一步去争取这既得的身份所能和所应带来的相关利益。相反，他也决计不靠身份去苟活于世，而是开始沉淀下来，静心学习修炼，他开始苦学六艺，礼、乐、射、御、书、数，这些不仅仅是实用的生存技术，而且在未来也成为孔子借以修复和光大传统文化的重要理论基础。

所以司马迁说"孔子贫且贱"，生存困难，身份低微，想通过掌权者季氏的权威性，对身份进行确认而不可得，于是转而求生存。刚刚成年的孔子，就像今天的大学毕业生一样，生命中开始进入相当长的一段静默时期。

《论语》和《史记》都记载，孔子此时为委吏，为乘田，前者是测量粮食的体积，是积累财会知识，后者是牧养牲畜，是积累管理技巧。孔子自己也说"吾少贫且贱，故多能鄙事"。这卑微的受人鄙视的低级生存战略，需要并锻炼了孔子坚韧的性格和强大的心理耐受力，这一点，恐怕有相当一部分来自于对母亲性格的继承。

这历练，成为孔子生命中最重要的一段经历，孔子在社会底层挣扎和生存的技艺，让他成为了季氏的司空，执掌财政权，而且这

43

生存的技巧，因时因事而制宜的灵活性，也让他在鲁国与齐国夹谷之会时表现出高超的外交技巧和应变能力，作为政治家的素质就在这静默时期中，悄悄地生长。

在政治上受到排挤之后，孔子57岁离开鲁国，开始了漫长的13年的政治流亡生活，困于卫匡之间，厄于陈蔡之际，受了多少辗转流离之苦，惶惶如丧家之犬。但生存的艰难已经无法击倒一个强大的心灵，孔子及其十数名亲密弟子，以流亡儒党的政治组织名义，游走于晋楚齐吴诸大国之间，终于改写了政治格局，也改写了历史的进程。

70岁时，鲁国以重币迎孔子归国，鲁君尊之尼父，季氏奉为国老，孔子的社会地位终于确立。

生命中最后3年，孔子潜心教育和研究，删编《诗》三百篇，乐正，雅颂各得其所，"礼"念行天下。国学大师钱穆评价说：

"孔子为中国历史上第一大圣人。在孔子以前，中国历史文化当已有两千五百年以上之积累，而孔子集其大成；在孔子以后，中国历史文化又复有两千五百年以上之演进，而孔子开其新统。在此五千多年来，中国历史进程之指示，中国文化理想之建立，具有最深影响最大贡献者，殆无人堪与孔子相比伦。"

诚哉斯言。

今天我们读孔子，明天，未来一千年一万年后，我们的后人仍然读孔子，我们不仅读孔子，我们也读孔子的伟大生命中的苦难史，也会探寻孔子伟大性格的历练史，偶尔，也许只是偶尔，也会念及那位籍籍无名的母亲——颜徵在女士。

—母 亲—

苏东坡母亲的诗意与优雅。

苏东坡光辉人格里的母爱温度

　　静安先生王国维以《人间词话》闻名,百年以来无出其右者,他的诗话亦自成一家。在《文学小言》中,王国维评点两千五百年来中国诗史最顶尖的诗人时说:"三代以下诗人,无过于屈子、渊明、子美、子瞻者,此四子者,若无文学之天才,其人格亦自足千古。"

王国维一九二七年去世时，尚未及五十知天命之年，实在英年早逝。作为堪称全才的国学大师，在他眼里，苏东坡何以能耀冠古今？话说得明白，人格的力量足以穿越千年的时光屏障。

而苏东坡人格的养成，不能不归功于他的母亲苏程氏——谥封武阳县君程夫人。

性格柔顺

读万卷书，行万里路，是中国读书人生命的两个维度。尤其是这行万里路，殊为必要。若无游历，不登高山，不知天之高也；不临深渊，不知地之厚也。知天高地厚，方知众生渺渺，于是感慨系之；寄蜉蝣于天地，渺沧海之一粟，才能旷达契阔；知进退，懂解脱，人生达臻自由之境，身心与天地同在。

凡人不易做到，苏东坡做到了。这是《前赤壁赋》的境界，也是东坡的人生境界。

所以，人生万不可不游历，如果要游历，万不可错过了四川。如果去四川，万不可忘了到眉山去走一走。如果去眉山，万不可不访三苏祠。如果去了三苏祠，千万要去那林丛池畔站上一站，怀一颗静穆的心，看一看"八娘伴母"的塑像。

这位八娘，是东坡的三姐，论年纪只比东坡大了不足两岁，嫁与伯舅家的长表兄程之才，可怜在母亲的娘家，亲上加亲，却遭到舅舅公公和表兄丈夫的虐待，忧愤而死，年仅18岁，由此苏家与程家不和。父亲苏洵曾作《自尤诗》示悔："汝母之兄汝伯舅，来为厥子求婚姻。乡人婚姻重母族，虽我不肯将安云？"

塑像中，东坡的母亲程夫人，低眼垂首，慈眉善目，衣袂优雅，温柔娴静。程夫人去世后，东坡请司马光来写墓志铭，司马光写道："柔顺足以睦其族，智能足以齐其家，斯已贤矣。"性格柔顺，人格贤良，这样的评价，不要说是在道学盛行的北宋时期，就是放在二十一世纪的今天，对一个女子赞美若此，也可谓好到极点了。

根据司马光的《苏主簿夫人墓志铭》，程夫人是眉山大理寺丞程文应之女，18岁下嫁苏洵，"程氏富而苏氏极贫"。但程夫人入门，执妇职，孝恭勤俭，无丝毫"鞅鞅骄居可讥诃状，由是共贤之"。

由于苏家极贫，同族有人建议，向程家借钱财济日，但程夫人说："如果让我向娘家父母开口借钱财，当然没有什么不可以，只是担心旁人闲话，说我的丈夫养不活妻子，却要向娘家借钱，靠妻子来养活这一家子。这会是让苏家丢面子的事，怎么可以呢？"从这话，听得出程夫人在处理人际关系时，是尊重别人的感受，很讲体面的。

关于这一点，还有一个小故事。苏洵的祖母尚在时，家人从堂下经过，走路者鞋子擦地窸窣有声音，都生怕自己犯了罪过，足见老太太家教严得很，家人大都惧怕到不敢露面。独独程夫人"能顺适其志"，祖母每每见到这孙媳妇，总是悦上心头。程夫人使了什么招数获得祖母的信任呢？柔顺而已。

程夫人还极有经营的天分呢，也许是在娘家见多识广吧，但她经营是附带条件的。直到儿子苏轼出生时，苏洵已经27岁了，老大不小的却一无所学，但他把不学无术的责任推给家庭的负累。有一天，苏洵感慨着对程夫人说："我自己觉得，现在读书入仕还不晚，但一家老小都指望着我来养活，想读书吧，可生活怎么办呢？"

程夫人说："我早就想认真谈谈这件事了，我从未想过让你因为养活我而受到拖累。如果你真的有读书志向，就去专心读书吧，生计我来负责了。"

这话却不是说着安慰丈夫的。程夫人随即拿出全部陪嫁的嫁妆用于经营，没过几年竟然成为富家了。可见治家经营真的是大有方略的。

而苏洵呢，果然专心于读书，27岁始大发愤，虽未仕途显达，却也终成一代大儒。

人格贤良

程夫人喜读书，皆识其大义，这是司马光的说法。

喜欢读什么书呢？苏轼的弟弟苏辙在《东坡先生墓志铭》里提到过一本——《后汉书》。

不知道是从三皇五帝的哪个时候开始，中国的文化当中，好像就把女人排斥在正史之外了。到了南朝刘宋，范晔在写《后汉书》的时候，估计看不惯这体例，为女子打抱不平，就专门把6位皇后和17位杰出女子也列入了正史，而《后汉书·列女传》并不全然是宣扬贤妻良母贞妇烈女的，蔡文姬和班昭就是因才女之名而入了正史。

程夫人爱读此书，不知道是不是内心里也住着一位才女的灵魂，古人的记载未曾提及，但她至少在对苏轼兄弟俩的人格塑造方面，颇看出些心得。

东坡10岁时，父亲苏洵游学四方，母亲程夫人就担下了亲自授书的大任。苏辙对母亲的印象是"闻古今成败，辄能语其要"。有一日，程夫人读《东汉史·范滂传》，慨然长叹，正好东坡站在身边，就问母亲："如果我长大后做一个范滂这样的人，母亲您允许吗？"母亲当即欣喜说："哎呀，我能有你这样的儿子，算是没白活了。如果你能做范滂，难道我不能做范滂的母亲吗？读书，切勿仿效曹耦，并不顾人品的端正，只是想混得个书生的虚名做得个富贵的官员而已。如果你真的能够为人间正道而死，做母亲的，我也无憾了。"

东坡深为感奋，更坚定了经国济世的志气。到20来岁时，已经学通经史，下笔著文，一日可数千言。等到父亲苏洵带着苏氏兄弟赴京应试时，苏轼被欧阳修点为榜眼（传说本为状元，欧阳公疑为自己门下徒弟，为避嫌才列为第二），而苏辙也同年得中进士。

苏辙与兄苏轼承蒙母亲授书时，更是"所对语尤切直惊人"，其为人端正直率。兄弟俩敢言直谏，为民请命，人品、官品和文品在北宋文坛和官场，算是正气砥柱了。也因此，苏洵、苏轼、苏辙一门三位列唐宋八大家，世所仅有。

司马光说："况如夫人，能开发辅导成就其夫、子，使皆以文学显重于天下，非识虑高绝，能如是乎？古之人称有国有家者，其兴衰无不本于闺门，今于夫人益见古人之可信也……"

唐诗说"慈母手中线，游子身上衣"，古又有严父慈母之说，天下人对母亲往往限于"慈"，但古人又有"慈母败子"的说法。司马光对此有独到的见识："为人母者，不患不慈，患于知爱而不知教也。爱而不教，使陷于不肖，陷于大恶，入于刑辟，归于乱亡，非他人败之也，母败之也，自古及今，若是者多矣，不可悉数。"（语出司马光《家苑》）

仁和慈

所有的女人都是天生的慈善家，所有的母亲更是天生的慈善家。

程夫人有经营之才，也有慈善之心。她以嫁妆起步，把极贫之家经营成富有之家，这钱财一定是辛苦得来。钱挣得辛苦的，往往有守财奴的心理，但程夫人没有，她生于贵族之家，身上自然也有贵族精神，慈善即是其一。

当程夫人看到家财有剩余后，就叹息说："钱财拥有这么多，难道是所谓的福气吗？绝对不是的，它很可能让我的子孙坐享其成不劳而获贪逸恶劳，最终变得愚蠢和堕落。"

于是，程夫人寻找苏氏家族以及姻亲的家族中那些贫穷的人家，自己出钱帮人家娶媳妇嫁闺女重振家业。同乡的邻居朋友有一时手头短缺的，程夫人也会慷慨地资助或襄借。

对人是如此，对生命亦是如此。

母亲去世之后，苏轼曾有一篇妙笔小文回忆母亲，叫《记先夫人不残鸟雀》。小时候，所居住的书堂前，有竹柏杂花丛生满庭，众鸟巢其上。母亲是忌恶杀生的，要求儿童婢仆都不许捕取鸟雀。数年之间，鸟雀越来越多，都在很低的枝杈上筑巢，可谓人来鸟不惊了。有一种鸟叫桐花凤的，四五天翔集其间。此鸟羽毛至为珍异难见，而能驯扰，殊不畏人。街道里巷的邻居朋友见了，都觉得这是罕见奇异的事情。

有野老曾向东坡解释这背后的原因，鸟雀的巢穴如果离人太远，则巢中的小鸟雀会有蛇鼠狐狸等猎食者的叼扰，如果人类能做到不杀鸟雀，它们自然会选择主动亲近人类，可避免食物链上端的祸患。

东坡评论说，母亲无非是持诚信之心与鸟雀交往，其他地方的鸟雀巢不敢近人，恐怕它们把人类看得比蛇鼠之类更可怕吧。

程夫人这个不杀生的故事，容易让人想到孔子对作为人妻和人母的女人的要求。在孔子删定的《诗经》三百篇当中，有一篇《麟之趾》：

麟之趾，
振振公子，
于嗟麟兮。
……
麟之角，
振振公族，
于嗟麟兮。

麒麟是中国上古传说中的仁兽，麒为雄性，麟为雌性。孔子编选这一首诗，据解读，是在赞美一位皇后。一位仁慈的皇后，就像仁慈的麟一样，轻轻地，轻轻地，在原野上走过，脚下舍不得施一点力气，生怕踩着了动物植物的小生命。这样的仁慈，对后代、对家族、对国家都是作出了爱的垂范的。

这并非妇人之仁，而是天地仁爱之仁。

程夫人的仁和慈,在东坡那里得以传承。当王安石变法实施后,尽管东坡与王安石关系尚好,但东坡在最底层看到变法走样,人民生活更加陷入疾苦,他对弱者的人文关怀精神,引领着他写出了《荔枝叹》,写出了抨击青苗法的《山村绝句》:

杖藜裹饭去匆匆,
过眼青钱转手空。
赢得儿童语言好,
一年强半在城中。

42岁时,因一系列诗作被诬为抨击变法,东坡一度身陷囹圄,而且被判了死刑,是为"乌台诗案"。东坡以及弟苏辙据理力辩,虽保得一条性命,但兄弟朋友因此贬谪瘴疠之僻壤,有的甚至客死他乡。当人生命运与国家命运相交织的时候,东坡的人格显现力量,他被安置黄州后人生更达澄明之境,大江东去浪淘尽和前后赤壁赋,这些伟大的文字带着他飞越了一千年历史的天空。

鲁迅的乡愁，应该是江南母亲的那角衣襟。

鲁迅母亲的微笑

古训有"子不教父之过"，把儿子的不成器，责任全归咎于父亲一方，以至于中国文化向来有严父慈母一说。

做父亲的承担责任既大，总不免摆出一幅严师的冷峻面孔，总希望把自己未实现的政治抱负，随着基因遗传到儿子身上，至少也要培养出一个高徒，所以对子女的责罚有时严苛到不近人情的地步。究竟成效有多大，差强人意还算好，有时候甚至适得其反，往往造成幼童的心灵阴影，不能不说是一个难解的悲剧。

就说鲁迅,他在 15 岁上,父亲周用吉就去世了,言传身教的机会不多了。二十多年后,在《朝花夕拾·五猖会》中,鲁迅回忆 7 岁时曾热切地想去五猖庙看热闹的赛会,父亲却逼他拿开蒙时要读的《鉴略》,背不出就不准去看会,"我似乎从头上浇了一盆冷水"。赛会终于是看了,但似乎都没有什么大意思,所背诵的古文长大后几乎全然忘却了,只剩下"粤自盘古,生于太荒,首出御世,肇开混茫"开篇四句还有印象,功效微乎其微不足道哉了。

倒是母亲——鲁瑞——是一个慈母,虽然自作主张给鲁迅娶了一位他终生未与之有夫妻生活之实的老婆,让鲁迅痛苦半生,但母亲身上自然的天性,甚至阅读的趣味和语言的技巧,都让鲁迅受益匪浅。我们若有心,今天从他的文字里时时可以读出母亲鲁瑞的影子。如果周用吉泉下有知,恐怕不解之余,还要说悔之晚矣了。

微笑

鲁瑞的形象,首先是从两个微笑开始构建的。

清明节后,暮春三月,会稽乡下,东北乡安桥头村,鲁迅随母亲客居外婆家。由于没预订大船,看不成赵庄的社戏,十一二岁的"迅哥儿"生了气,无心钓虾,东西也少吃,母亲很为难,但没有法子。聪明的乡间小伙伴打包票,主张划大船带鲁迅去看夜戏。在鲁迅的满是期待的眼神里,母亲也相信了十来个会凫水的弄潮好手,不再驳回,微笑了。一群孩童一哄地出了门,母亲送出来吩咐"要小心"的时候,已经点开船离了岸。社戏的内容终究没什么精彩之处,看客少,铁头老僧也懈了,不肯翻筋斗。返程时,在河边的田里,偷了乌油油的罗汉豆,在船舱里烧了吃。船到平桥,桥脚上站着一个人,却是母亲,母亲颇有些生气,说是过了三更了,怎么回来得这样迟,但随即也就高兴了,笑着邀大家去吃炒米。

清新快乐的文风,犹如江南水乡的入夜的空气,沁人心脾。读书时，小说《呐喊·社戏》的这一段是收入课本的，老师秉承教案，把鲁迅的童年生活讲得趣味盎然，让人心生神往。但在我，还把这小说当自传和散文看，字里行间着墨极简的这两处，母亲信任的微笑和牵挂的身影，是凝固成一个中国母亲的经典形象的。

之所以颇能触动我，是因为我的童年在闽北的乡间度过，也曾有过与小玩伴第一次外出凫水的执意，而我的母亲，也有鲁迅母亲那样的担忧，但也给予我同样的信任。所以读这小说，在恍惚之间，我的母亲的样子也每每从纸背浮现，与鲁迅母亲的微笑重叠着。于是想，鲁迅的母亲，难道不是同时也是我的母亲吗？而我今天的感动，也一定重叠着鲁迅先生曾经的感动。

母亲，就该这样，这就是我们的共同的母亲。

信任

于是常常有了这样的设问：为什么母亲可以有如此的信任？

鲁迅11岁时去赵庄看社戏，不通水性的儿子开船离岸，那一句"要小心"的告诫不是放不下心吗？但她终于微笑着放行了。

鲁迅17岁时去南京读水师学堂，这在晚清要算是异类了，那时候社会主流舆论仍然认为，读书应试才是正途。鲁瑞对儿子要"走异路"这件事，哭了，但仍然把带着体温的八块银元交给鲁迅，由着他自便了。

鲁迅21岁时，登上日本轮船大贞号，从南京经上海去日本官费求学，走得更远了，走到异国去了，母亲更未有阻拦，再一次给予儿子的仍然是：信任。

中国的父母们曾惯于搬出孔子的话，说"父母在，不远游"，断了子女远走他乡的想法，但实际上这是断章取义了。《论语·里仁》中孔子的原话是"父母在不远游，游必有方"，所以问题的关键是这"有方"，即是否能得到父母的信任。母亲难道不想儿子永远留在身边，过着宁谧安静的天伦生活吗？但是我曾经在很多场合演讲时，说过很多次，如果说这个世界上只有一种爱，是以最终的分离为目的，那一定是父母对子女的爱。女大不中留，而好男儿更得是志在四方，所谓游必有方的老话，怎么可以成为禁锢子女的借口呢？

鲁迅母亲就是伟大的。鲁迅去邻近的村庄看社戏，去邻省的南京读新学，去邻国的仙台学医科，这是一次次的远行，一次比一次更加遥远更加长久的分离，任谁，正常的人都不愿面对，但鲁瑞爱之愈深，信之却也愈深。

在这信任中，鲁迅及弟弟周作人，相继从母亲的家开始踏上长路，越走越远，一直走到二十世纪中国文学的巅峰。

顺便说一下，明明是做母亲的信任成就了儿子，但鲁瑞却愿意把功劳归于丈夫。据周作人在《先母事略》中记述，母亲曾告诉他，父亲当年表示过，"儿子将来可以一个往东洋去，一个往西洋去"。对这一点我颇有怀疑，因为周用吉当年是由父亲行贿同年官员而指望换得一官半爵的，事情败露后为此坐牢，他是否幡然醒悟了呢？事后在鲁迅读书上，身为父亲，他仍然沿用"古法正途"，看上去泥古不化，所以他未必能有这觉悟。我更愿意看作这是儿子成功后，做母亲的为了维持先夫面子，用心良苦的好意。

如果把鲁迅看作风筝，母亲信任地放飞他，但同时信任之外，还有牵挂。也想有一根长线，母亲在这头，儿子在那头，这是每一个做母亲的普遍情感。鲁瑞给儿子娶了妻，她是把朱安当作礼物送给儿子的，鲁迅是新时代人性自由的旗手，哪里收得下这重礼！但鲁迅尊敬着母亲，他虽然是一位愤怒的战士，却不会扯断这条风筝的线，与朱安在一个屋檐下共同生活，把朱安当作家庭成员，供养终老。而母亲呢，却也并不是霸道的母亲，挥着大棒逼儿子就范。母子相敬若此，殊为难得了。

在今天，这样的母亲形象恐怕确是不多见的了。

随感

若按时代区分，鲁瑞该算是旧时代的女人了。

她是清朝咸丰年间生人，虽在农村，却也是书香门第，既有传统规范的约束，却也在自然的环境里保持了一个人的天性。鲁瑞没上过学，但颇能识字读书，自小爱读小说，爱讲故事，而且关注时事，不同于想象中的旧时女子，对时代前沿的风气变化感受很快。

辛亥前一年，求进步的人剪辫子，鲁迅家的长工也想剪，鲁瑞就是支持的。"天足运动"成风气时，鲁瑞也放了脚，而且本家的老顽固嘲讽她该嫁洋鬼子时，她没有正面冲突地回击，只是冷冷地说道：

"可不是么，那倒真是很难说的呀。"

既不向陈腐的流言和偏见认罪，辩护时也很有幽默，把人性的正面力量借助于精妙的语言技巧，噎得旁人无话可说。

完全可以说，鲁迅后来创造了"随感"这种新文体，大有其母的风格：坚毅、幽默。

说到母亲的读书，周作人曾回忆，母亲早年爱读的是《七剑十三侠》《今古奇观》这些野史笔记似的小说，而且三国、聊斋这些古文是不爱读的，爱读的都是白话文。这个故事让我想到鲁迅的学术专著《中国小说史略》，整理旧小说的源流，是不是受了母亲的影响？

一九一八年，37岁的周树人发表《狂人日记》，这不仅是周家的幸事，在百年中国现代文学史上也算得上开天辟地第一件大事，因为这是公认的第一篇现代白话文小说，而且也是第一次用"鲁迅"这笔名。随母姓的笔名不必说了，以现代白话文写作，不仅创造了时代的新文体，而且也便于母亲的阅读，至少也算是向母亲的致敬吧。

鲁瑞晚年爱读报刊，订了好几种，所刊登的社会新闻，往往和白话小说差不多，同时也爱读政治新闻，喜谈段祺瑞、吴佩孚和张作霖，好恶得当，议论也都是得要领的，看到不平处激动慷慨，总会发表自己的看法。这一点鲁迅也是秉承了母亲的风格。

在我看来，如果盘点二十世纪中国的伟大遗产，鲁迅一定算头一个，开创现代白话文小说，开创"随感"亦即杂感、杂文，这两种文体都在民国时代达到文学顶峰，前无古人，此后是不是有来者可以超越，窃以为也难了。在中国文学史上，汉赋，晋骈，唐诗，宋词，元曲，明清笔记和小说，到了民国，应该是鲁迅先生引领的杂感，这是两千多年来中国文学的"江上数峰青"。

而鲁迅的杂感，不能不说，尤其深得母亲鲁瑞的趣味。

母与子

"心好好大家,心坏坏自家。"
这句朴实的话语总在我耳畔响起。
母亲的爱凝聚成病榻前的嘱咐,
一辈子都无法忘怀。
像清风,吹拂我的心灵,
是家训,引领我友善前行。

假如再回到我自己母亲身边，原来那些美好温润幸福的时光都是母亲经手过的光影，如一部老电影，历历在目，感人至深。听过很多道理，不一定会给你带来幸福；但是，母亲的一声深情呼唤、一句朴实教诲，都可以给我带来永远的幸福。

山的性格，浑厚豁达，开朗自然。

江边的菜地

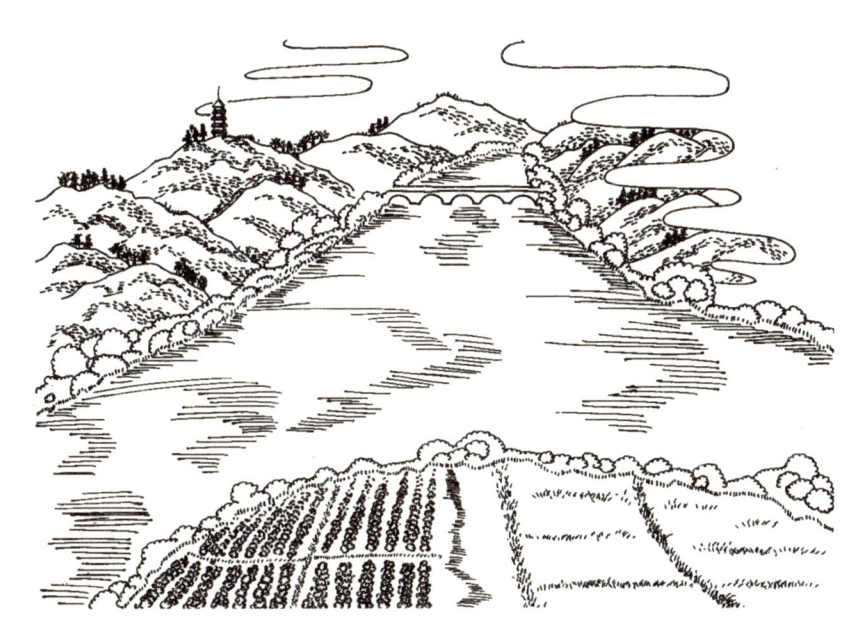

假定，你是一只彩鹬。

假定，是在一个惠风如熏的午后，你沿着蜿蜒的闽江，从入海口的福州，逆流向西北飞到江的尽头，在南平的上空盘旋。

假定，这个平常的午后，时间是在半个世纪之前，暮春时节的某一天。

南平既是一座山城，亦是一座水城。就在这青山与绿水的交汇之处，我就站在那一片江边的菜地里，遥望着你这一只彩鹬的身姿，也遥望着你所来自的地方。

我就站在闽江的起点,遥望着闽江所流向的远方,未来很多年之后,我就在闽江的终点城市——福州,工作、生活。

时间大约是一九五八年,人民公社还没开办,"赶英超美"的口号却已经很响亮。母亲要我们兄弟姐妹不管历史大潮如何变动,始终要脚踏实地,于是,我就站在母亲带着我们亲自开垦的这片菜地里。

这里是我的故乡。

延平。

山城水城

这里是一座山城。

层层叠叠的居民楼房依山势而建,与山野间茂密的林丛,争相向上攀爬,直趋最高峰所指向的云天之间,大有万马奔腾之感。记得莫言在描述他的家乡——山东高密东北乡的胶河洪水泛滥时,那巨大的浪头犹如万马奔腾,从他家的屋后簇拥着奔袭而来。诺贝尔奖获得者、日本小说家大江健三郎读了这感觉,亲自跑到高密,结果很失望地发现这里正在变成行将干涸的小河滩,那万马奔腾的气势全然没有。

但在我的故乡,不论你是划着一叶小舟涉江而来的客人,还是一只与河蚌相争逆流而来的鹬鸟,你远观,或是俯瞰,延平山间的民居、山间的树丛,定然错落有致,朗然入目。

这正如延平人的性格,是一种山的性格,浑厚豁达,开朗自然,生机盎然。

这里又是一座水城。

武夷山脉,莽莽苍苍,云气缭绕,化而为水,润泽了一千年的北苑茗茶,也锻铸了建溪和西溪两把青剑,一柄干将,一柄莫邪,在南平的延福门外双剑合璧之后，蜿蜒向东南流去，双剑潭中有双剑化龙的尖方碑，这是福建母亲河闽江的起点。

春天的时候，江水汤汤，碧蓝如天，清澈澄明，一眼可望见水底招摇的荇藻，两三群小鱼自由来去，光洁的鹅卵石和粗白的江沙，颗粒分明。

这延平人的性格，又是一种水的性格，澄澈明白，胸襟博大，柔韧坚毅。

这是一种山水性格，既有刚的一面，又有柔的一面，既有勇猛，也有细腻，既有开拓的勇气，也有保守的精神。

建溪与西溪交汇之处，正是延平的延福门外，从此处合流为闽江。我家就在这延福门码头的边上。当时这里还有古城墙，据《南平县志》记载，城墙砖上有阴印楷书"延郡城砖"字样。据说这城墙建于宋末，为文天祥抗元的遗迹。当年文天祥曾建议开府于广州，但最后全国仅剩福建尚未落入元军之手，于是就在这延平建了幕府，史称开府南剑州。文天祥有《南剑州督第六十四》一诗："剑外春天远，江阁邻石面。幕府盛才贤，意气今谁见？"一时间，福建江西将士达万人之众，意气风发，给延平留下了英雄的气概。文天祥当然是失败了的，但元朝统治后，实行汉人治汉，闽人治闽，南宋时闽北著名人物朱熹和文天祥，他们的后代都被元政府任用管理延平郡，一时间又文气大盛。短短百余年，这里文武精英云集，使延平积淀了深厚的文化底蕴。

江边垦荒

这延福门码头边上，沿江一带的城墙外，原是一片荒地。由于靠着江边，这地以沙砾为主，若是用来种茶倒是一片好地，唐代陆羽在《茶经》说种茶之地以烂石为上。但这么小的一片，不成规模，且在城中，不宜种茶，而地不经改造又连稻米都不宜种植，于是抛荒许久无人理睬。

母亲原是延平乡下的农民，嫁入延平城里后，仍保持了纯朴的农民本色，同时也继承了农民的坚韧和开拓精神。农闲的时候，她就带着我们兄弟姐妹们，扛着锄头，来到这江边的荒地里，一锄头一锄头地开荒。

江边很快冒出了一块块的菜地，有别的人家开垦的荒地，但最大的那一块地，却是我家的。我们家兄弟姐妹多，人手多是一个方面，但最大的原因，是母亲的激励制度。

母亲特别细心，在那样的农耕时代，居然还有今天看来是"现代企业管理"的一些思维。母亲把这一大片荒地，划成九宫格般的小片，分给我们兄弟姐妹们，一人一片"领地"，实行"属地管理"，谁开垦的速度快，效率高，地块大，谁就在这农业的竞争中胜出。

有了这"包产到人"的激励机制，我们刨起地来，争先恐后，使出浑身力气，都想着第一个当上"小地主"，开创一番小成就。我们的自我管理能力和竞争意识也许就从那一小片荒草和砾石间，悄悄地滋长着。这对我们今后在社会上开创一番事业和天地，起到了启蒙的作用吧。

就在这锄头和沙砾的碰撞声中，叮叮当当的金石相交火星四溅之后，荒地就变成了可以耕作的农地了。我们用沤好的粪肥三番五次地翻入泥土之中，不消一年，这原先被抛弃的荒地，竟然肥油油地成了一片好菜地了。

那时，我不过才八九岁的样子，光着的脚丫踩在这垦好的菜地里，脚趾头抠插在冰凉的泥土之中，一股天然的土地气息自脚底上升，直沁入心脾，这是一种多么神奇的感觉。那是第一次，觉得人可以和土地那样融洽那样亲密。人的力量真是伟大，一片江边的荒地竟然可以变成一片青翠；而大地也真的满怀着感情，它深深地懂得人的眷恋，千百年来它的形态居然可以为人而改变。

早晨，朝阳初升，映在江面上；远处，江上数峰青。

一个八九岁的男孩，就这样，卷着裤管，把锄头斜靠在肩头，双脚坚实地站在他刚刚开垦好的这片江边的土地上，遥望着激荡的闽江水滚滚东向，那里似乎是一个遥远的世界，向他招着手，遥望一只彩鹬在九峰和玉屏的山峰之间盘旋，它知道自己将离开这片土地，因此更加不舍和流连。

花瓶菜

春天，江边垦好的菜地里，我们种上了花瓶菜。

古旧的城墙之下，碧蓝的江水之畔，绿油油的一大片，每一棵，都青翠欲滴。

每一棵，我都那么熟悉，那么亲切。真的，如果是在平日的餐桌上，它只是一盘即将入口的青菜，你丝毫没有关注过它，你忽略了它也曾作为一株生命的存在，它也有着生命的全部意义和价值。这种感觉，只有你亲手种植过，才有真实而深切的体会。

花瓶菜现代人也叫它上海青，也有的地方叫它小白菜，在上古的时代它原是中国的一种农作物，是属于白菜的大类，结球的后来就叫白菜，不结球的后来就叫青菜了。现在这白菜种类的青菜就有许多种，上海青、天津白、小白菜、奶白菜等等。其实在南宋之前，它们先叫"葑"，后叫"菘"。也许是北方人叫葑，南方人叫菘吧。《诗经》说"采葑采菲"，有人考证说这就是指的白菜和萝卜，那估计这是北方人的叫法。而三国时《吴录》有"陆逊催人种豆菘"的记载，这恐怕是南方人的叫法吧。

顾名思义，菘，从草，从松。这是一种草本，但却有着木本的松树一样的生命力，一年四季常青不断。今天，各类青菜的规模化种植，令它本身具有的种种美丽传说消失殆尽了。但在宋、明时候，它可是极有诗意的。北宋的苏颂出身于闽南的世代望族，在宋哲宗时任宰相，作为文学家、科学家，苏颂对药物学贡献卓著，他评价说："扬州一种菘，叶圆而大……啖之无渣，绝胜他土者，此所谓白菜。"明代李时珍在《本草纲目》中引陆佃《埤雅》说:"菘,凌冬晚凋,四时常见,有松之操,故曰菘,今俗谓之白菜。"

南宋著名抗金诗人杨万里作过两首诗,《进贤初食白菜,因名之以水精菜云二首》,其一是:"江西菜甲带霜栽,逗到炎天总不佳。浪说水菘水芦菔,硬根瘦叶似生柴。"其二是:"新春云子滑流匙,更嚼冰蔬与雪齑。灵隐山前水精菜,近来种子到江西。"后人解读这诗时说,齑是捣碎的菜,嫌杨万里把白菜夸得太过分,其实只不过是把白菜放进白水里煮而已,并且白菜还剁成渣子,顶多加点盐,他就称为水精菜。其实并非古人饮食单调,如果对每一棵菜都用过心,那每一棵菜都会是人间至美之味的。

那时候母亲带着我们,从江中打水,挑上来浇,未出苗时一天早晚两浇,出了苗的一天浇水一次。这花瓶菜快则月余,慢也不过两月,就长成了。拔几棵,在江边的江水中清洗过,捧在手心里,日光下翠亮新鲜。说来也奇怪,这花瓶菜介于结球和不结球之间,修长的颈部状似花瓶,而叶部貌如一瓶新绿,煞是漂亮。我见过南平建瓯建窑出产的兔毫盏,花瓶菜的色彩不似它的墨蓝。我也见过浙江龙泉窑的青釉瓶,倒有几分花瓶菜的翠绿,不过不似它的鲜亮。所以,任人世间多么精美的手艺,也难描摹这大自然的神工,这可是上天对人类的恩赐呐。

花瓶菜产出率高,一年可以数栽,而产量也颇大,一季下来,往往富余十数担。母亲总会教我们挑了一担一担的菜,放在街坊边上,让邻家也有机会享用。那时候,一担不过才五分钱的价钱。

后来,人民公社开始之后,各家各户私自种粮种菜就不被允许了,母亲也到公社食堂里工作,我们在江边菜地种花瓶菜的历史就结束了。我也开始了读书、教书、从仕的生涯,再也没有机会垦荒种菜,那童年的经历就变成了珍贵的记忆。

— 母与子 —

舌尖上的饥饿。

米糠饼

记得几年前,在某处看到过一项专利申请,说的是用"舶来"的现代西式烘焙方法烤米糠饼。细细研究之后,发现一块小饼里头,这稻米的外壳,也就是米糠,居然占到一成到六成的比例,不由得怀疑,如果真的烤了这样一块饼,谁有勇气吞咽得了?

最初对这专利只是觉得有些新奇,留意之下,果然并未在超市里发现米糠饼的身影，倒是全麦面包早已成为今天都市人的早餐。我不大懂营养学，据说这全麦的面包是更营养的。有趣的是，今人凭着对谷物外壳的营养认同，也顺带着觉得口感也变得有些质感了，这种口感的妙不可言，反过来又促使食客进一步认同这余味背后的营养。而糠这玩意儿，究竟真的有多少营养，又说不上来。

稻米的逻辑似乎也是一样的。

今天我们在市场上购买到的大米，不仅脱了壳，而且一律地被剪了角。脱壳是自然要脱的，但剪角却是现代大工业社会对人的最大不仁道。听说一粒米当中，偏偏被剪去的那一角，是最富有营养的，那是米的胚芽。据说米的营养中半数以上都保存在那一个小角之中，无论蛋白质、矿物质还是维生素，那一角都是缺不得的。不过有一种普遍的说法，说最关键的原因是，那胚芽里含有容易氧化酸败的脂肪，所以不方便规模化的存储和运输，自然不能适应现代工业社会，听上去似乎完全是在无奈之下才不得已剪了这一角的。

今人尚且对米胚芽的认知有些茫然，更何况未经脱壳的全米，它有多少营养，谁又会真正关心呢？所以米糠饼的无法推广，是很自然不过的了。

吃糠饼

真正说起来，像我这一代的中国人，经历过五十年代末六十年代初的"三年自然灾害"时期，吃米糠饼是在所难免的。直到半个世纪之后，余味尚绕梁，那痛苦又温暖的记忆，掺杂着极为复杂的人类情感，纠缠一生。

一九五八年人民公社之后没多久，农民暂时失去了自主种植的权利，而集体化的生活又养成了人的懒惰，很快连吃的东西都找不到了。刘震云原著、冯小刚导演的电影《一九四二》里面有一个镜头：逃荒者把树干连树皮一起磨成粉，用水兑了来充饥。吃树皮，甚至吃观音土，这些痛苦记忆是深刻的。但就技术细节来说，我对电影镜头里的这种吃法持怀疑态度，那树干的粉末，颗粒仍然那么粗，真的能吃吗？

北方的穷人生活我没有体会，但在以稻米为主食的南方，吃米糠我倒确实经历过。

那时候，仅有的大米也基本吃光了之后，饥饿感催促之下，身处生存困境中的人们不得不发挥"聪明才智"，把稻米脱了的壳，也就是米糠，想办法做成食物。种植过水稻的人都有感知，这稻米的壳，用手摸上去，粗糙而干涩，牛畜是可以大快朵颐的，但若是换了人，只怕把咽喉也会划破了。

先把米糠磨成细粉，但现在来看，米糠纵然再细，它本身并无黏性，怎么做得成饼呢？其道理犹如一盘散沙无法聚合成团一样。有一个众所周知的成语，叫聚沙成塔，语出《法华经》，原文是"乃至童子戏，聚沙成佛塔"。我一直不明白这沙子如何聚成塔。不是我不能理解这积少成多的道理，我也能理解这聚沙是一个漫长的过程，也许还要屏神凝气，极考验人的心性，这静修之下，人的佛性渐渐显出力量来。但从技术的角度看，这沙子要聚成塔，非得满足诸多条件不可，心性倒在其次。凭我幼年的经验判断，如果是极细的沙子，且掺了泥土的成分，再加适量的水，倒是有可能垒成塔的样子，但如果是粗沙，抑或泥土的比例过少，恐怕成塔的可能性几乎没有了罢。所以，人生的大道理很多，俯拾皆是，但真的把一个人抛到某一种生存的困境当中，人首要面对的和解决的，却是极普通的生活细节。

做糠饼

时过境迁，今天已经无法回忆起做饼的种种细节，但当年我也是亲自参与了制作全过程的。我想，那米糠饼也许应该是掺了少量面粉的,这才做成了饼状。有同龄的朋友聚会茶聊时,也偶尔共忆幼时生活,说有人是用芭蕉心磨粉,掺一点米,做成芭蕉饼,大概做法都差不多。

米糠饼口感很粗,味道呢,客观地说,未见得有多美味,但在心灵记忆里,它却留下了甜的感觉。不仅仅是因为加了糖,增加甜味以利于下咽,更主要的,是母亲带领儿女们亲自动手,那是自己的劳动果实。

不过米糠饼那玩意儿完全不像话,直接带来一个很糟糕的后果,就是嘴巴的任务完成了,却把负担推给了胃肠,难以消化,阻塞肠道,造成很严重的排便困难。

我记得特别清楚,每当排便的时候,干而硬的米糠无法正常排出,母亲就亲手给我们抠出来。今天说出来,是极难为情的一件童年旧事,但在回忆里,这旧事嵌得那么深,想起来历历在目,还是那么真,在我,充满了温暖的感动。

就是这样的不堪入口的食物,就是这样的不堪入目的画面,在那样一个艰难的岁月,居然养活了一大家子,今日思之,真是一个奇迹。

为什么吃米糠饼,除了无米可炊之外,这米糠饼入得肚子里,遇水则发,能够长时间支撑胃肠的需求,胃肠也不必动辄向大脑发出饥饿的信号。但米糠饼决不能多吃,这纯天然的粗纤维,吃多了胀气。吃米糠饼长大的一代,有的在很小的时候就落下了胃病,胃一疼起来就直冒冷汗,一直到工作了生活优渥了,各种山珍海味滋养,竟然也没有消除这老毛病,足见这米糠饼的贻害无穷。

所幸我们兄弟姐妹一帮人命大,靠这米糠饼活了过来,而且居然万幸的是,都没落下什么大的胃病。所落下的,情感方面的居多,岁月一天天在寻常的油盐柴米中消逝,刻在心灵深处的记忆却永远也抹不去。母亲的爱,永远沉淀在心湖的湖底里,常常泛起一阵清波,在心头荡漾着粼粼的光辉。

米糠饼对人生饮食哲学的形成,作用很大。吃这饼长大的一代

— 母与子 —

人,对食物几乎都有一种天然的尊重和敬畏。久而久之,像我这样的,把饮食的节约和简单,纳入养生处世之道了。这一点,苏东坡在《东坡志林·记三养》中说得最好了:"东坡居士自今日以往,不过一爵一肉,有尊客盛馔,则三之,可损不可增。有召我者,预以此先之,主人不从而过此者,乃止。一曰安分以养福,二曰宽胃以养气,三曰省费以养财。"一言以蔽之,适可而止。不仅口腹之累如此,声色犬马、功名利禄,也概莫能外。

在很小的时候，我虽然腰间也插着柴刀，但舅舅却不让我出力，我站在旁边看，他砍刀一挥，只消不到半天工夫，就扎起两捆干柴，一捆大的有百余斤，一捆小的有五十来斤，那小捆的是给我的。

砍　柴

"嘟——嘟——"

清晨五点，天还未亮，百米外延福门码头第一班客轮汽笛声响起时，我总还在睡梦之中，母亲总会附在我的耳畔，轻声地唤："小个弟,起床了,上山砍柴了……"

"小个弟"是我的乳名,这个称谓在南平土话里的意思是,长不大的小孩子。还在娘胎里的时候,有几次我都差点与人世无缘,生下来后因胎养不足,多病多灾,一副长不大的样子,像一只蜷缩的体弱的小猫,父亲一度产生弃养的念头。

母亲却不舍得就这样放弃,相反,母性总是天然地最关怀弱者,反倒对我照顾有加。记得长身体的岁月,正是缺吃少喝的年代,母亲常常借口说"小个弟正在发育长个子",总把家里仅剩的鸡蛋拿出来,打在米饭上,搁锅上蒸,蒸好了再淋上油,香喷喷的只给我吃。

当我慢慢长到七八岁时,母亲安排各种适量的农活,让我在锻炼中,长了身体,也磨练了意志。最初,很小的时候,是挑水。母亲特意让人箍了小小的水桶,让我用小扁担挑着,从家里到闽江边,不过百米的路程,一天来回跑十几趟甚至几十趟,不光是家里吃的水,而且也浇菜地用。后来,再稍大些时,便是上山砍柴。

梢排去

半世纪前的延平,还没有公路,走远路都要靠闽江的水路,客轮自然是首选,延福门码头便成了最繁忙的地方。但在我们是乘坐不起的,舍不得花那点钱,砍柴也不是正事,所以宁肯走路去。不过,幸好另外还有一种"梢排"。

闽江的起点,开阔的江面上总是浮着一扎扎的圆木。延平是著名的木材产地,砍伐下来的一根根巨大的圆木,扎起来成为一个木排,放在闽江里顺流而下到福州。很多木排无人看管,任它漂流而下,有的木排则有艄公押守,只要交给他一点点的钱,便可乘坐这木排。

现在看来这种木排风险很大,而且那时候我还不会游泳,但懵懂无知的我特别喜欢坐这木排。早晨的清风吹来,人在木排上,开阔的江岸急速地向后奔跑而去,那感觉大有"千里江陵一日还"的诗意的畅快。艄公还高声地唱起不知是山歌,还是闽江号子,嗨唷嘿哟地,觉得人在自然之中,纵然有激流险滩在前,也仍然满怀着激情和勇气,去迎接那挑战,很有一种"气"在。

下闽江十里,有一段险滩。当地人说,"十里险滩,滩滩惊险",极考验艄公的技艺,历史上偶尔会有技艺稍逊的或稍有不慎的,就在那险滩里送了命,让后来者每每路过,不免战栗之中心生敬畏。

江岸边有一个十里庵,是一个很小的村庄渡口,艄公把我放在这里,我就跟着一位家在农村的舅舅,到附近的山上去砍柴。

记得有一座山叫米山的吧,不高,秀气的形如一堆稻米。据说当年郑成功受封延平郡王之后,要沿江下海去打台湾,郑成功就把心爱的战马留在了延平。郑成功的船舶离开后,这马仰天嘶叫,沿九峰山一路追寻主人,可惜闽江两岸都是崇山峻岭,追到十里庵时,水深山高无法前进,在山崖上眼睁睁看着郑成功的船顺流而东。这马不肯离开江岸,不吃不喝望着东方,小村庄的居民爱它惜它,给它好米好豆,堆成了一大堆,这马却一口都不肯吃。十天十夜过去了,马死在十里庵。村民们悲伤的哭声惊动了正在仙人甲山的吕洞宾,他感动之余,就把这宝马化为一座马头山,给马吃的米豆堆就化作米山,两山上的青松挺拔俊秀,枝枝向着东方,据说都是由马尾化成的马尾松。

松木四季常青,虽然被人类赋予了很多人格的精神,但却不是好木柴。杉木满山遍野都是,也不是好木柴。我们所要砍的,乃是柯木和另一种当地人称铁锈木的。只因这两种木的木质密实,耐烧。我们只挑枯死的树砍,并不是出于环境保护的想法,而是不合算。同去的舅舅住在乡下,是靠砍木柴卖到延平城里赚点钱过活的,青湿的木柴不但背着沉重,而且也卖不了好价钱。即使像我家砍了柴自己烧的,也不合算,青湿的柴在家门口堆起来放半个冬天,水分蒸发殆尽后少了许多斤两,白费不少力气。

在很小的时候,我虽然腰间也插着柴刀,但舅舅却不让我出力,我站在旁边看,他砍刀一挥,只消不到半天工夫,就扎起两捆干柴,一捆大的有百余斤,一捆小的有五十来斤,那小捆的是给我的。

搭轮归

记得有一次,我独自一人背着一担子的小捆干柴走下山来,那天感觉身体有些不适,走到十里庵渡口时实在走不动了,气喘吁吁地坐在江岸上,等着搭客轮回延福门码头。临近中午时分,下游驶来了上午的最后一班客轮,我站在码头上招手,它却"突——突——突——"地叫着,头也不回地开走了。一个小孩子失望乃至于绝望了,气得累得瘫软在岸边,干柴扔在身后。我心想:"完了,完了,这下该怎么回家呀?这十里山路走回去,饿坏了不说,万一病了可就麻烦了……"

正在犯愁之际,远远的,我看见那客轮放慢了速度,又"突——突——突——"地叫着,慢慢掉转船头,在江心划了一个大大的圆圈,折返回来,冲着我所站立的十里庵码头而来了。

这不可能!完全不可能!我惊讶地站在岸边,嘴巴张成一个"O"字形,不相信这公家的客轮肯为了一个小屁孩这么来回折腾。

出乎我意料,却也在我的意料之中,客轮正是专门为我而折返的,为了岸边一个无望的孩子而折返的。船靠近我,船上一个杉板搭下来,岸边的我挑着一担干柴上得船来。

当年的客轮不像今天城市里的公交车,每个站点都会停靠,远远地望见码头上有乘客,才会靠岸,而那时为只有一个挑着干柴的小孩子而停船,这情况是很少见的。我当时在想,船上的人们一定在议论纷纷,以为这是一个生病了倒在岸边呼救的孩子,要不然怎么可能仅仅为了一个小孩子,而耽搁一船人的时间?好在当年的社会风气是很纯朴的,当地的民风更加纯朴,这件事若是发生在今天,恐怕我不得不独自乘坐"11路车"回家了。

上船的那一刻，我内心万分感激，这是我印象最深刻的一次经历，这一幕让我相信：这世上真的有好人的，这世上绝对是好人多的。我也因此将"为他人着想，对一切感恩"作为人生的一个信条，给这个世界增添些许的正能量。

十里庵是返回延平延福门码头的最后一站，那天，我赶在中午饭之前就回到了家里。母亲惊讶地看着我挑了一担干柴站在家门口，手里还拎着一袋粉干，问："今天怎么回来的这样早？"我说了搭船这件事，而且告诉她，在船上，为了感激，除了购买船票之外，我额外地多花了一毛钱买了一袋粉干。那个年代，客轮从下游返航时，员工总会捎带一些粉干和大米，在延平城里销售，以补贴家用，购买他们捎的干货，也是一种巧妙的感激方式，我不说，人家也感受得到，也容易接受。

母亲夸奖了我的聪明。这件事以及我的处理方式，较早地让我对情商有了独到的看法和见解。

砍柴的地点不限于十里庵，有时候是在其他高山上。半世纪前延平人的生活方式，仍然是几千年来只烧柴的传统，这里不产煤和气，家家户户门口堆着干柴垛，家家靠着大人孩子去山上砍柴。所以各家的孩子都怀着心思，用眼角斜瞅着邻居家的柴垛，看谁家的柴垛又长高了，都生怕自家的柴垛矮了下去，乡村社会里小孩子的竞争意识就是这样无意间培养起来的。

附近的山却遭了殃，有时候距城市较近的山上柴火都被我们砍光了，只好走很远的路去其他山上找柴。幸好，延平地界内海拔超过千米的高山就有27座，其中坡度最陡峭的要数"七个弯山"了，我就常在这座山上砍柴。这山距延平城最远，来去一趟不容易，凌晨三点就起床，几个小朋友结伴出发，到山上时也才天光刚亮，往往到下午两三点钟才返程。

"七个弯山"的坡奇陡，明代官志涵的《延平郡城》诗说："城郭临天末，山川向海东。滩河三峡险，复嶂二湆雄。"不仅是雄，而且还险，所以走这七个弯下山的时候，腿和脚不听使唤，一直颤抖着。在这山上砍柴多了，几年之后虽不能如走平地，但也慢慢气定神闲起来，甚至有时候也有闲情逸致玩赏山间的风光，不禁想起另一位明代诗人刘璋的《延平城》诗来："一番白雨涨溪壑，两岸青山啼竹鸡。"好一派悠闲的山野春光呵。

同样来自农村的朋友，一同回忆起童年的砍柴旧事，总觉得这养成了农村孩子比拼和竞争的性格。但我觉得更重要的影响是在很多年之后，大约半个世纪之后，一次同学聚会，他们惊异于我的满头黑发，惊异于我的精力充沛。我想，这些都得益于童年的砍柴经历吧。

我最难忘的是，母亲在医院病榻前，特别交待我说："你一定要记住一句话，心好好大家，心坏坏自家。"

母亲的教诲

　　出生于农家的母亲，育有七男二女，在三男先后夭折后，无奈地把亲生长女也送给他人抚养。六十年代初，长女秀英下农田干活，不幸染上血吸虫病，不得不拖着肿大的双脚，进延平城找到生身父母。母亲心怀内疚，含泪带着长女四处求医问药，直至把女儿的病治好后，又送她回到乡村。

良善

料理着一大家子的生活起居,母亲一向十分节俭,可在人与物之间,她总把人放在最关爱的地位。记得家中厨房存放着旧时的汤匙,早不用了,可她始终舍不得丢弃。小弟孝敏顽皮,故意取出那陈旧的十余把汤匙,扔在地上,谎称不小心打破了,搁别的母亲,说不定一气之下,责罚顽劣小儿也未可知。可是母亲不是这样的,她得知此事,第一句话却是:"哎呀,刺破手没有啊?"确认小弟双手无事,这才要他赶紧去拿扫帚把一地的碎瓷扫起来倒到垃圾堆里去。

许多年过去了,幼时的这件小事给我们兄弟姐妹留下很深的印象。年纪稍长,读到了《论语·乡党》,孔子上朝去了,"厩焚,子退朝曰:'伤人乎?'不问马"。马厩失火,孔子第一个关心的是人在这场火灾中是否受到伤害,马和财物的损失倒在其次。这最传统的中国人的人本意识和人文精神,原来我是从小就从母亲那里受教了的。

叮嘱

晚年的母亲自知身体健康每况愈下,便专程回到自己出生的乡村,与亲戚作一次郑重的告别。她发觉自己平日里积攒的钱财太少,便对我说:"我想去看望生病的舅妈,你身上有没有钱?好让我多带些去。"她走进全村最贫困的几户农家,把所带的钱财全部塞进了他们的手中。

弥留之际,母亲叮嘱我们几个:"我走后,你们先不要告诉我家乡的人。"母亲深知农村亲戚的苦衷,就是不想让他们破费。

在得知母亲病逝后,一位八十多岁的老人闻讯赶来,跪在灵堂前失声痛哭:"你是大好人呀,你为什么比我走得早啊!"事后,我们才知道,这位老人是母亲长期默默照料的孤寡老人,母亲从不声张,我们当子女的也无从知晓。对社会弱势人群的同情与照料,是母亲的一贯所为,也从不求回报。

在母亲遗体告别仪式上,小弟的四个朋友,同时下跪作别:"阿母是天底下最善良的好人!"母亲目不识丁,却以农家的热心肠感染着她极有限的身边的人。送葬的两百余人中,有部队医院的医务人员,他们也很动情地说:"普通的老百姓,却能处处替他人着想,着实让人难忘。"

我最难忘的是,母亲在医院病榻前,特别交待我说:"你一定要记住一句话,心好好大家,心坏坏自家。"她还具体叮咛:"你千万不要去妒忌、怨恨、伤害别人呀!存心害人,最终会毁了自己。做人一定要善良,让与你认识的人得到好处。"

师 与 友

一个经典的凝固的形象沉淀在记忆的最深处：

一位慈母一样的女老师，

皮鞭高高地举起，

却轻轻地放下。

每每想起启蒙老师，

总会不禁想到一首歌——

《在那遥远的地方》优美的哈萨克民歌曲调，

我愿做一只小羊，

跟在她身旁，

我愿每天她拿着皮鞭不断轻轻打在我身上……

人生的路很长，但是关键的就那么几步，而那几步往往跟那几个人有关。我是幸运的，一路遇见那么多有缘人，而且都是善缘。当然，我也相信，什么样的人就会遇见什么样的人，我们都是在遇见最好的自己，感谢那些人生贵人。除了感恩，最重要的是要把这种美德传下去，一颗星辉映另外一颗星就是满天星。

— 师与友 —

冰心跟我讲了一个故事。

拜访冰心和她客厅的竹子

一九八七年夏天，我参加团中央在北戴河举办的全国第三届少先队辅导员夏令营。八月九日那天，团中央辅导员杂志社缪力总编，带着来自福建、山东等省 8 位少先队辅导员代表，前往北京中央民族学院，专程去拜访 87 岁高龄的冰心先生，我也忝列其中，想着就要亲眼见到家乡福州的这位大文豪，一路上心中默念着"幸甚至哉"。

拜访

我们轻轻叩开吴文藻冰心夫妇寓所之门，其女婿把我们迎进室内。这间大约 12 平方米的客厅简洁大方，冰心一生素爱竹子，所以客厅的角落和窗下植了三五丛猗猗的篆竹，青翠鲜明，表明主人"有匪君子，如切如磋，如琢如磨"的人生涵养。一方雪墙之上，悬着一联书法，"非淡泊无以明志，非宁静无以致远"，这是诸葛亮 54 岁时在《诫子书》中致 8 岁儿子诸葛瞻的名句，表明主人的志趣和对后来者的期望。案桌上，悬着一副吴作人先生画的《熊猫啃竹图》和梁启超先生手书的"世事沧桑心事定，胸中海岳梦中飞"的对联。书柜上方悬挂着一幅周恩来总理坐在藤椅上的彩色照片，照片的下方摆着一盆青翠欲滴的方竹，使室内显得淡雅而又幽静。

进屋不久，冰心老人从卧室里缓步走了出来，她手扶着一个四脚钢架，她虽不久前胯骨骨折，但精神很好。见到我们，她亲切随和地招呼："快请坐下，你们都这样站着，我可不好意思了！"见面的第一句话，就使我们感受到老人的慈祥与谦和。

宾主落座，我自报家门："我是来自您的故乡福州。"冰心在他乡遇见故乡人，分外高兴。我激动地双手捧着红领巾，走到冰心面前说："冰心奶奶，这条红领巾是我从福建带来的，让我代表福建家乡370万少先队员向您敬献！"我满怀敬意地帮德高望重的冰心系上红领巾，祝福她健康长寿。冰心高兴地说："谢谢！"

说话间，老人让女婿给我们泡上茶，又端来糖果，热情款待大家。她十分关心家乡建设，关心少年儿童文明习惯的培养。我便向冰心先生汇报说，此行是去北戴河参加夏令营，而她的家乡长乐也正在建这样一个夏令营营地。

闻此，老人正色说："你们是从北戴河来，我听说那边的海滩上，到处都有人扔的垃圾和矿泉水瓶子。北京'西山'鬼见愁，满地是纸屑果皮，这是最坏的习惯。吃剩的东西，应该自己收起来，装着带走。"

冰心接着跟我们讲了她年轻时在国外的见闻。

她说对德国人印象很深。年轻时在德国的一个城市，城郊有一个可同时容纳三千人的森林公园，市民去公园游玩，都自带一个袋子，所有的垃圾都装在袋子里，走的时候全部带走，偌大的公园里，竟然找不到一片纸屑一点垃圾。

"什么是文明？这就是文明。我们要教育孩子讲公德，中国是礼仪之邦，不能让外宾讲起中国来，只有古代的万里长城和兵马俑，而不讲现代的中国文明卫生。文明是每一个中国人生活起居一言一行所表现出来的整体素质。"

冰心是爱干净的人，不仅做人干干净净，而且生活也干干净净。冰心对瓜子花生似有偏见，其实她是厌恶某些人在公众场合嗑瓜子，瓜子皮四处横飞,这是极大的不文明。她也不喜欢吃花生豆。因为剥下壳是叫人家替你劳动。她十分推崇从小培养少年儿童良好习惯。她加重语气地说:"教育孩子要从小事情引出大道理,比方,别让孩子乱扔东西,这是人格也是国格,这叫以小见大。"

"你们是当辅导员的,你们的言传身教对孩子的成长影响很大,回去后你们一定要跟孩子们好好地讲一讲什么是文明,一定要从小处做起,文明就在生活中的一点一滴……"

冰心的文明观让在场者无不点头称是。

冰心老人很重视教育儿童爱劳动,爱劳动人民。她说:"听说有些家长,代替独生子女在校扫地,这应该拒绝。劳动不能代替,要培养孩子爱劳动的习惯,要教育孩子,以劳动模范为榜样,以普通劳动者为榜样。"

当我们就如何引导孩子上进,向老人讨教时,冰心老人不假思索,用平稳的声调说:"主要是言传身教,我觉得,淘气的男孩是好的,淘气的女孩是巧的,需要好好引导。"她结合自己的经历谈师生关系,说:"我26岁时回国,在大学当老师,那时,学生十七八岁,我们亲如兄弟姐妹。学生也不觉得我是老师,我们相互尊重相互敬爱,千万不要以为自己是师长,学生是受教育的,你尊重学生,学生才会尊重你。你们遇到的孩子都不一样,但一定要了解孩子,了解孩子的家庭背景、社会环境,了解孩子的思想性情爱好等。怎样了解?就是平常多跟孩子谈心,理解尊重孩子,与孩子平起平坐地交朋友。我在新学期开学时,先点名,然后教学生写自传,知道他们的经历和家庭情况,孩子当然写不了自传,你们可以家访。"

冰心老人说:"我平均每天都要收到两三封孩子来信。"透过不少孩子写信所用的信笺信封是公家的这一现象,她特别强调"不好这样做"。她身兼数职,信通天下,而所用信封信笺从来都是自费。见微知著,点滴小事皆严以律己,这就是冰心老人的品格。从中我渐悟出冰心老人"从小地方抓出大道理"的深刻含义。

她说:"小朋友来信我无法一一回复,把孩子们来信都保存起来，放在中国现代文学馆里。孩子们写信大多问，当作家有什么窍门？有的反映自己的苦恼，有的说是学习课文后老师叫写的。"

不知不觉时间已过一个多小时，这时她的女婿走进会客室，从书架上取出一本装潢精致的本子，放在桌上，老人和气地说："你们把名字留下吧。"我翻开看，那本子上写着一排排人名。原来，这是冰心老人的来客签名簿。我们都高兴地签上名。我取出一本新购的书，打开扉页，请老人家给故乡的孩子写点寄语，她接过书翻了一下，在扉页上，一挥而就："希望我故乡的儿童们能自强不息！——冰心"。

第一次见面，竟然会谈了一个多小时，这对冰心先生来说，算是破了一回例。作别冰心，回到家乡，我左思右想，心绪难平，就撰写了一篇《在冰心家中做客》小文，记述此次难得的访问。文章发表在《人民日报》的海外版。未曾料，由于冰心此前闭门谢客，很久未有消息，国际文坛一直在热切地关注着，此文一出，算是传递出冰心健康状况和生活状况的新讯息，香港《晶报》、泰国《新中原周报》等媒体纷纷转载，一时间成为国际社会关注的焦点。

作客

时隔七年之后，一九九四年七月三十一日，我和家人同赴北京，临行前第一个想到的就是期望能到冰心家作客，给她捎上家乡的问候。那时家乡的特产荔枝刚刚上市，于是我特意请莆田好友翁士明送些新鲜荔枝，并专车直送到机场。当天我就带到了京城。

飞机起飞之前，我拨通了冰心寓所的电话，电话那头是她的女婿陈恕，说冰心由于健康原因，这些年闭门谢客。我诚恳地说明来意，表示绝不打扰她老人家，只是想带孩子来京，看望老人，送些家乡的新鲜荔枝，只叨扰三五分钟即可。

还是七年前的旧寓所，见面后，我上小学的儿子邱宇向冰心献上红领巾。冰心看到孩子就起了爱心,竟然抱着我儿子很用情地亲了一口,这让站在一旁的妻子戴荣辰大为感动。

我非常简要地向冰心先生谈起福州三坊七巷冰心故居的修复情况,并恳请冰心先生允许我们为家乡设立一个"冰心奖"。

冰心笑着说:"现在以冰心为名的奖太多了,你们不如就叫'辅导员奖'吧。"冰心那些年已经不再题辞,但这次又破了例,再次在我随身带的笔记本上提笔为"辅导员奖"题辞,并欣然请女婿拿起照相机,与我们戴上红领巾的一家人合影留念。

说实在的,我们本来只是想着看望德高望重的老人,并亲手把荔枝送到就离开的。但冰心那天不仅破了例,而且还颇为健谈,她还跟我们谈起了她身边的那只著名的猫。

冰心的猫名叫"咪咪",毛很长,白色的,但身上有几处黑点。冰心非常宠爱此猫,而猫也特别通人性。每当有客人来访,咪咪总会跑出来,陪着冰心一同见客,不管是在桌面上卧着,还是在冰心的怀抱之中,它都乖乖地,有时候眼睛注视着客人,好像认真地聆听主客间的交谈。

咪咪通人性还有一个佐证,爱照相。冰心与我的两次合影,咪咪都很善于面对镜头,它一定很有主人翁意识,知道自己也是家庭成员。拜访冰心的客人,不少都要跟她合影,而冰心也总会主动地要求咪咪一起合影,估计久而久之,咪咪也就有了很好的镜头感吧。

冰心先生仙逝不久,我听说爱猫咪咪追随主人去了。这更是它通人性的又一个佐证。

二〇〇〇年,我应邀参加在福州闽剧院举办的"冰心一百周年诞辰暨冰心诗歌吟诵会",听着孩子们声情并茂地朗读着冰心《繁星》等诗篇,脑海浮现出冰心老人两次亲切会见我们的情景,耳畔响起冰心奶奶的温馨教诲,我眼眶湿润,我知道自己已深深地被老人那"陶冶圣洁心灵为至上"的精神所感动。

我们为什么需要精神恩师

阳光照耀我的癫痫头。

启蒙老师的疼爱有点疼

我没有上过幼儿园。7岁那年,跟随孝胥哥哥到离家不算近的东山小学就读一年级。初入校园,班主任是一位女教师,是我的启蒙老师,名叫王淑瑶。她的一举一动对新入学的孩子来说,可谓新奇。

一九五八年,中国发生一件众所周知的大事,人民公社在当年秋冬时节遍地开花,全民笼罩在"赶英超美""跑步进入共产主义"的狂热氛围之中,国家得了一种"失心疯"的魔怔,随之而来的则是长达三年的饥饿和灾荒,此后便发生了更深刻影响未来一个时代的动荡。

这是国家的灾难。

个人也未能幸免。

然而再宏大的历史于七岁孩童来说也是无所认知的。至今深埋记忆中的则是，同在一九五八年，福建北部山区的小城南平——我的家乡——发生的一件大事，一则全市的重大新闻，刚入小学的我，则是新闻的主角之一。

"阿凡提"

那时的南平，倚山势层层叠叠错落有致地建着民居，清一色的木板墙壁，在冬日里变得干燥易燃。不知因何缘由，延福门码头餐馆夜半突然失了火，毕毕剥剥地烧了起来，火势迅猛，加之乱风助纣为虐，于是乎，真的就如《红楼梦》开篇第一回甄士隐家的那场火，接二连三，牵五挂四，将一条街烧得如火焰山一般。等到全家人明白过来的时候，我童年的家，那幢木质结构的老式房屋，已经大火熊熊，全家人夺门逃命，总算保住了性命，但可怜的是，逃命要紧，书包未来得及抢出来，所有的课本和文具全都化为灰烬。

危难之际，人情愈见得真切。一场大火，接下来化作无数感动的泪水。

逃出生天之后，全家人搬进了附近的基督教教堂里暂时安置。这年冬天已经开始显露出饥馑的苗头了，但不知有多少南平的乡亲们，得知这件大新闻之后心生触动，纷纷送饭菜到教堂来。在那样一个食物匮乏的时代，我们却没有在吃上遇到问题，不能说这是因祸得福，只能说这是人心良善。

食解决了，衣怎么办？课本和文具怎么办？

淑瑶老师当年大概四十多岁，半个世纪之后，我依然能够清晰地记得，她在班上把一个开放式的问题，抛给了大家：

"当同学遇到困难时，我们该做些什么呢？"

这是很能激发大家主动性的问题，同学们各有各的回答和表现，同班的同学们纷纷捐献笔纸等文具，高年级的学长们则回家搜寻往年留下来的旧课本，很快凑齐了。淑瑶老师则把自己孩子的一件外衣送给我穿，而且亲自披在了我瘦弱的肩上。

当场，我流下了眼泪。

那一件外衣，今天仍然记忆犹新，是一件黑白条纹衫，因此，同学们送了我一个外号："阿凡提"。

今天中国的孩子们对阿凡提的故事可谓耳熟能详，这位维吾尔族的智者，正是在一九五八年由维汉双文版的《阿凡提的故事》推出来的经典形象，当年最时尚不过了。

别说，同学们比喻的还真是很形象。因为，除了那件条纹衫外，我还头戴一个白头巾，活脱脱一个维吾尔族小孩子。

说到这顶白头巾，也是有来由的。失去老房子后，四处寄居，有时候生活在教堂，有时候是居住在亲戚家里，生活环境卫生状况不如意，结果真菌感染，患上了"癞痢头"，一时间，头发掉光光，头皮生脓疮，又难看，又痛苦。每次母亲给我洗干净了头，担心感染恶化，就总是用一条白色洁净的手帕给我包裹了去上学，这才"赢"得了"阿凡提"这个时尚的外号。

这个癞痢头的病，淑瑶老师也特别关心，而且不仅有想法，还特别有办法，仍然是她那标志性的问句：

"孝感小朋友生了病，同学们要怎么样关心他呢？"

癞痢头的治疗，需要保持头皮清洁，那个年代缺乏医学知识，只知道必须由冬天的太阳光直射，照在头皮上杀菌。阳光透过窗户玻璃照进教室里，上第一节课的时候，淑瑶老师和同学们给我调换一下位置，我坐在第一排，刚好有阳光照耀。等到第二节课的时候，阳光摇移到了第二排，于是第二排的同学跟我调换位置。以此类推，就这样一直在"动荡"的学习生活中，一个癞痢头的小病号，每天都沐浴在冬日阳光的温暖之中，两个月之后病情消退，癞痢头上的脓疮消失殆尽，才恢复了正常。

很多很多年之后，当年的同学"满树梨花"，有的还谢了顶，成了光秃秃的山丘，唯独我仍然保有一头浓密乌黑的"秀发"。同学聚会时，总会有人问我青春永驻的秘诀，其实连我自己也弄不懂，我并没有特意去护发，有时候在想，这可能与当年在淑瑶老师和同学们关照下我乌发重生有关吧。

"坏孩子"

淑瑶老师是一位慈母型的老师，她可能压根就没有理论化的教育理念和教学方法，但她出于一位母亲的天性，特别注重对学生个体的关爱，所以她的教育方式也是极具个性化的和人性化的。

初读小学时，我是个不折不扣的"坏孩子"，纵然算不得"坏"，至少也是一个很"皮实"的孩子。至今母亲仍保存着我读小学一年级的《学生手册》，成绩记载栏上语文有3个"2"分不及格，在第一学期的《操行手册》上，淑瑶老师的评语是："诚实，对老师有礼貌，错别字有了减少，算术还好，作业能及时交，但对语文还不够努力。不听妈妈的话，随地丢纸屑，对同学态度不够和气，有时还会打同学，常迟到。今后要努力纠正这些缺点。"

这一点可是有佐证的，我的右耳朵边缘缺了一角，这是当年打架时被同学情急之下咬掉的。我的鼻子上方，至今还隐隐地有一小块疤痕，这也是当年打架时受的伤。记得，当年读小学一年级时，哥哥正在读小学三年级，那时候他号称是祠堂巷里的"司令"，我这个当弟弟的，"有幸"分配了一个"排长"当。每当夜色四合，我们一大群小伙伴们就在街头集聚，游乐玩耍。"司令"和"排长"，这样的名号，若不是经过了一场又一场的"恶战"，恐怕是赢不到的吧。

当年，甚至包括今天，校园里的老师们可不是个个都是"心慈手软"的，打骂学生是常事。可是淑瑶老师很有耐心，她从不打骂，我算是最不听话的学生了，所以我的体会是最多的，自然也是最深刻的。

现在想来，一个经典的形象沉淀在记忆的最深处：一位慈母一样的女老师，皮鞭高高地举起，却轻轻地放下。

皮鞭当然是没有的，淑瑶老师是装出很凶的样子，叫我过来，然后却是轻轻地责备。她也会捏耳朵，但只是微微地有点疼，并非体罚，更像是关爱地警示。

有一次，我砍柴回来，快走到家门口时，远远地看见淑瑶老师来家访了，正在跟母亲聊着，我躲在一旁偷听她们会在背后如何评价我。只听得母亲说："这个孩子什么都会做，挑水、砍柴都做得很好，就是不听话，好打架。"

淑瑶老师却说："孩子还小，也许有时候他并非不听话，在有些事情上，可能是没有理解。他的作业有时候前一天没完成，第二天还是补交了的。况且，孩子长大都会变的。"

淑瑶老师并未因一个孩子坏而歧视他，特别是当我犯了错误的时候，她照样是循循善诱，鼓励向善，这给我的影响颇大。一年级第二学期结束后，淑瑶老师在我的"学年操行评语"上这样写下："坦白，能大胆承认错误，对老师有礼貌，肯学习，理解力强，作业整齐并能及时交。不过对同学态度不够和气，会吵嘴，有时迟到和旷课，希纠正这些缺点。"慢慢地，让我有所懂事。很多年后，走上教育工作岗位，对幼时的遭遇感悟极深，也多汲取了淑瑶老师的做法，顽皮孩子也渐渐成长为好老师。

我有一位担任厅局干部的朋友，他向我讲述过幼年时的一件事，他跟同学打架，结果用刀捅伤了同学的眼睛，父母亲为此赔了巨款，他也因此转了学校。应该说，从"坏孩子"的角度看，他比我有过之无不及。

但是，多年之后，两个莽撞少年却都成为了职业教育工作者，而且他现在也到一个地市任职市委领导，可以说算是身居要职了。而当年当"司令"的哥哥，如今却在音乐领域享有盛誉，担任中国合唱艺术研究会理事长、中国合唱协会副会长、福建省合唱协会会长，成为著名的音乐指挥家，在一个个乐团里，真的成为了"司令"。

这就给中国的教育提出一个很重要的问题：怎么看，怎么教育"坏孩子"？特别是在孩子犯错误的时候，如何正确地在他的内心种下一颗希望的种子？

淑瑶老师是用一个教育家的眼光来看待一个孩子的未来潜质。

千万不要对孩子的劣迹过早地下定论，幼年的顽皮，甚至是骂人打架，并不一定影响成人后的人生发展。

今天，每每想起淑瑶老师，总会不禁想到一首歌——《在那遥远的地方》——"西部歌王"王洛宾在一九三九年创作的至今仍广为传唱的歌曲。曲调源于优美的哈萨克族民歌，其中两句歌词，是极能表达我对淑瑶老师的感情：

我愿做一只小羊，跟在她身旁，我愿每天她拿着皮鞭不断轻轻打在我身上……

一场集体的考试舞弊事件，自然，上面派人来查……

一次改变命运的考试

在中国，考试似乎是一个人一生中最重要的事件之一，因此古时有"洞房花烛夜，金榜题名时"的说法，这两件事堪称人生两大最乐事。一个是成人，一个是成功，一个是修身齐家，一个是治国平天下，爱情事业双丰收，人生完满了。

可是，人生有时候是颇为神秘的，人是无法洞悉未来的。也因此，老子那一套"福兮祸之所伏，祸兮福之所倚"的理论，还是很能应验的。

就说我小学升初中的那一次考试。

六十年代初的时候，不像现在直接小升初，上初中还是要考试的。那可以说是我人生中第一场重要的考试。

"捡"试卷

小时候体弱多病，而且身体发育晚，小学老师说我是长不大的孩子，于是我总是坐在教室里的第一排。在临近考试的某一天，我后排的邰某同学"捡"到了一张试卷。

邰某同学研究完这试卷，把它交给了我的同桌邹某，我和同桌也研究完了这试卷。后来，老师知道了试卷的事情，就把试卷给全班的同学都研究了一遍。再后来，这试卷的一些题目，还流入了隔壁的班级，全体毕业班同学都得知了，相当比例的同学都"提前"预考了一回试。

这张试卷，正是后来小升初考试的正式考试卷子。

因此，那一届，我们班的考试成绩极其优异，我们学校的成绩也非常地优异。

这当然要出事了。

说起来，这考卷绝不是从天上掉下来的。那它是怎么来的呢？原来，邰某同学的父亲，当时在闽北某重点中学工作，小升初的考卷就是由该中学印刷的，自然有职务的便利。父亲看到这考卷正是儿子马上要考的卷子，于是私挟回家给了儿子。上小学的小屁孩，不懂事，哪里知道试卷泄密的严重性质，就把这试卷带到了学校，给要好的同学分享。

自然，这是一场集体的考试舞弊事件，上面肯定会派人来查。校长和班主任老师找到我们三人，教我们担下责任，做"替死鬼"。

95

教育局来调查，问到我的时候，我"哇"的一声就嚎啕大哭了起来。害怕归害怕，哭归哭，怕了哭了却也不说，我们三人最终都按学校的说法，守口如瓶，咬死了仅我们三人看过试卷，与其他人无关。保护了全校的师生，同学们全部都考入了理想的学校，校长和老师们也皆大欢喜，而我们则牺牲了自己。牺牲我三人，幸福全学校。

怎么处理呢？

其他同学升学，我们三人重考。

三人当中，我的学习成绩是最好的，我是不怕重考的。但重考就只是个形式了，最后，郇某同学因为父亲的职务关系，同时校长老师们也一致推荐，认为孩子无罪，于是也升入了最好的学校。另一位同学，我的同桌邹某，学习本来一般，体育却非常好，胆子很大，最后被分到了L中。我呢，成绩虽然最好，却因为三人不宜在一起，就被安排进了E中。

命运

多年之后，三人的命运发生了极大的变化，这人生的体验极为深刻。

"文革"时，大概十六七岁的时候，外界传升入Y中的郇某同学涉嫌强奸罪，被抓了，关在部队里。该同学觉得冤枉，于是绝食抗议。绝食无用，于是年纪轻轻的，就死在那个动乱的年代里了。他究竟是真的有强奸这回事呢，还是只有耍流氓的行为呢？人死无对证，最终也没有定论，就这样过去了。读了最好的学校，却没有读完学业，多年后思之，仍不胜唏嘘，感慨命运之无常。

而另外那一位胆子特大的体育特长生邹同学，被"发配"到L中，他从开始就表现出不安分，后来不管在仕途还是商海里，都特别能扑腾出水花。四十年后，我去香港。他在香港购置了两套房产，安了家，他专门带我参观其中一个房间，堆满了各种寿山石、玉石。他的夫人悄悄告诉我，他早年曾在某地物资局任职，因为胆子出奇地大，"海捞"了不少好东西，要说价值，几千万元总是有的。因为他与上下级以及同事朋友相处特别融洽，所以安然无恙。一番话，让我深深地惊诧于这位同学的"生财之道"。

我呢，出于平衡，读了 E 中，但如今看来，却也是因福惹祸，然后又因祸得福。

以可读 Y 中的成绩，而就读于 E 中，结果刚入初中，便因学习成绩特别突出，引起学校关注。记得第一次考试，十一门功课门门都在 80 分以上的，全校一共才 9 位同学，初一年级的只有 3 人，我是其中之一。一下子成了学校的小明星。

E 中当年只有初中部，为了向 Y 中的高中部输送优秀学生，全校都极为重视学习成绩，成绩优异者自然备受关注。当时我有一位表哥在读初三年级，我常常找他求教，结果因与高我两届的一些同学过往甚密，为我赢得了社交能力突出的口碑。

紧接着，学校少先队换届，我因学习成绩突出，同学关系融洽，在选举时得票特别高，终被任命大队长一职。

全校大会时，新任少先队大队长要发表讲话。我很认真地写了发言稿，辅导员带着我，把讲稿交给校长，请他过目并修改。校长却一挥手："不用我看，我相信你，你想怎么讲，就怎么讲。"

我胆子还行，站在全校师生面前，腿不发抖，心跳也正常，而且我声音特别大，由于小时候常常上山砍柴，锻炼出了肺活量和大嗓门。我站在话筒前，展开讲稿，开始演讲：

"各位校长……"

一语未落，全场哄然大笑，校长只有一位，哪里来的各位？但明知讲错了，却也只得硬着头皮讲下去。

因这场演讲的错误，同学们根据我名字"孝感"的谐音，为我取了一个外号——"校长"。大家在校园里，每每遇见我，都"校长、校长"地喊。很多年后，我真的当上了校长，好友便玩笑地说：

"你可是从初中一年级就开始当'校长'啦!"

现在回忆起,这第一场演讲,其实除了开头第一句外,还是蛮成功的,既锻炼了自己的胆量,同时也锻炼了口才。

正是因为那一次考试,阴差阳错误打误撞进了E中,刚读初中就担任了少先队大队长,就开始了面对众多师生的公开演讲。这人生开头的路,我扛着少先队旗,一口气走下去,这一走便是一生。直到四十多年后,我还在担任全省的少先队总辅导员,我仍然需要到学校里面对着广大师生即席演讲。有时候,我在想,假如当年我不是去了E中,而是读了Y中,结局会怎样?那人生会不会是另外的一条道路呢?一切未可知。而我只能说,这冥冥中的命运的安排,纵然不能看作宿命论的注定,也都是在注释着"祸兮福之所倚"的古训吧。

一场考试,三个人的命运,如此不同,无分好坏和对错,这就是人生。

中午放学之后，同学们都回家吃午饭了，我却悄悄地留下来，把64块窗户玻璃擦得干干净净。

代课老师像大哥

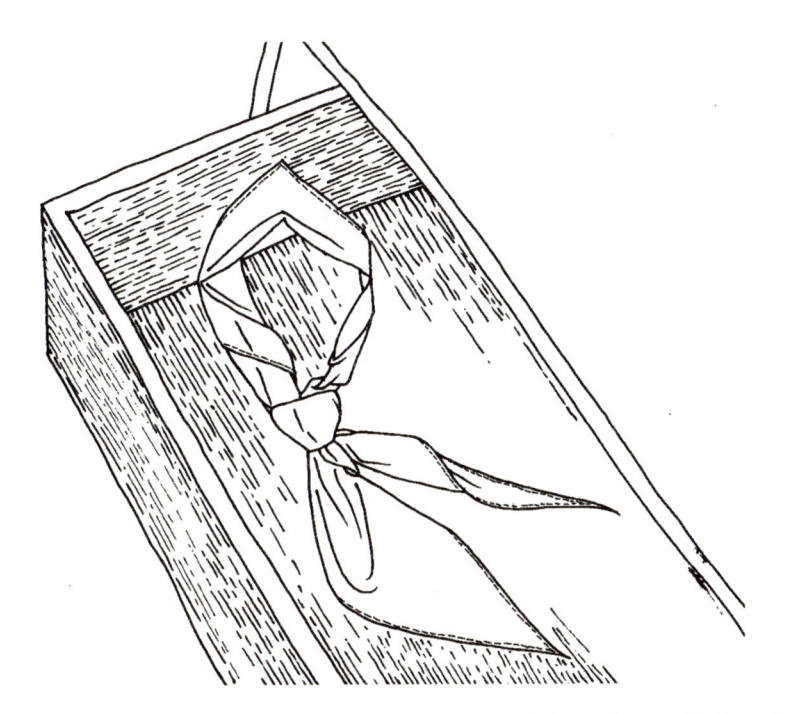

与陈登耀老师相识是在一九六三年。那时我是学生，他是一名代课老师。陈老师对我的影响是终生的。

大哥哥

陈登耀接过我们班时,我正在南平东山小学读三年级,登耀那时只有17岁,比我们大不了几岁,年龄上的接近,让老师与同学的情感更亲近。

他像个大哥哥,初涉社会,又是踏入校园净土,尚未沾染世故的习气,纯真而热情,极易打动孩子的内心。

他又是有方法的,比如他称呼我的时候,不是直呼大名,而是叫我乳名。

记得登耀老师有一次去我家做家访。那时候,山城还没有通电,家家户户都是点油灯,为了节省,每天晚上温习功课时,一般由四五个同学组成学习小组,共用一盏油灯。那天晚上是在我家,大家围着餐桌学习,登耀老师来家访,看望了我们之后,他跟我母亲聊起了家庭教育方式。

后来,母亲就采用了登耀老师的"计谋",跟一同温习功课的同学们讲述了我幼年的故事,特别讲述了我的乳名"小个弟"(南平土话意为长不大的孩子)的由来,诸如从小体弱多病,吃药多,导致肝火旺盛,对体质和情绪负面影响大,易动怒,有暴力倾向等等。这话让在场的同学们增加了对我的认识和了解,也更能理解我平时的行为了。记得后来登耀老师在我的《操行手册》上写评语时说:"别看邱孝感嗓门很大,爱骂人打架,易动怒,其实人正直,不圆滑,不耍诡计,是容易交往的。"

红领巾

登耀老师对我影响最大的是引导我加入少先队,我在学校、团

— 师与友 —

系统从事了一生的少先队工作，真正的起点是从那时候开始的。

当然与红领巾结缘是需要触发点的。

那次又是我打架之后，登耀老师把我叫到办公室里，从抽屉里拿出红领巾，问我：

"想不想戴上这个？"

当然想了，谁不想啊？！尤其对一个"坏孩子"来说，一方红领巾足以彻底扭转他的人生轨迹呢。

"那你能不能做出一件好事情，让我能够在同学们面前表扬你，说你有资格加入少先队戴上红领巾！我不跟你说应该做什么和怎么做，你自己去想。"

那是一个劳动光荣的时代，那个年代的人能够想到的最光荣的事情，无非是通过劳动，为组织做好事，展示集体主义的精神。

我想到的是擦窗户。

那天正好下大雨，雨水裹挟着泥点，扑打在教室的窗户玻璃上，玻璃和窗台上留下许多泥点。中午放学之后，同学们都回家吃午饭了，我却悄悄地留下来，把64块窗户玻璃擦得干干净净。下午上课前，同学们陆陆续续来到教室，个个无不惊讶万分，他们知道，那个过去的"坏孩子"干了一件好事，而且中午饭也没顾得上吃，更是感动。

下午的课堂上，登耀老师问全班同学，最近哪一位同学的表现进步很大呢？大家异口同声地推荐了我。就这样，因为这件事，一个"坏孩子"入了少先队，戴上了红领巾，摇身变成了好孩子。

这件事对同学们影响很大，让大家明白一个道理，只要你做对一件好事，不管你过去表现如何，你就有机会得到大家的认可，你就有机会得到肯定表扬。这样的处理，让大家最形象地明白了，什么是对，什么是错，对错分明。在人生观和价值观尚未成形，一切都还是模糊的时候，这样的事情，最能让人醍醐灌顶豁然开朗——哦，原来是这样，这是对的，那样是错的。

101

引路人

在接下来的动荡岁月里，一度黑白颠倒善恶不分，但我们在那样的教育环境中，从小就拥有了"明辨是非"的能力，实在幸甚至哉。

一位代课老师，就这样润物细无声地播下了正直和善良的种子，敢说敢做敢认错，勇于承担责任，这就是正能量的传递，这也正是当今教育方式所欠缺的。

后来我也当上了代课老师，登耀老师的影响至深，让我深深地懂得了教育的秘诀，就是有一种直击孩子心灵的力量，让他震撼，而这教育的过程又为其他人所不知，既改变他的内心，又保留他的面子，让他幡然醒悟。四书中的《大学》，开篇就讲"大学之道，在明明德，在新民，在止于至善"，说的也是这个道理，这就是教育的内核。

说到我从代课老师走上教育生涯，也是登耀老师的功德，他是我的引路人。

那时候，我父亲辞世，母亲又无工作，弟弟妹妹还在读书，全家人等着糊口，而我还没有工作。登耀老师说我适合当老师，在他的引荐之下，我回到了母校东山小学任代课老师。

陈登耀老师工作踏实肯干，后来调任南平师范附小副校长。他为人豪爽重情义，但凡有乡下的亲朋来，他总是会喝酒作陪。结果正是这豪爽大气的性格，导致他最终因喝酒而倒下，医院鉴定为脑血管破裂，终于不治。一位优秀的老师就这样匆促离世，实在令人扼腕而叹惜。

成长路上关键的时候,有贵人相助给予援手,哪怕只是一个微笑、一次关怀、一次提醒,都是人生的福分。

我的贵人成群结队

每当我想起自己教师职业生涯 14 年的青春岁月,就特别感念生命中的三位贵人:一是让我第一次勇敢走上教师讲台的黄瑶芝校长;二是让我第一次真正投入教育怀抱的魏运雄校长;三是让我第一次正确面对教师生涯困惑的周少英校长。有幸得到他们的呵护厚爱和指点,让我从中感受热爱、接受真诚、享受包容,这对初出茅庐的我,无疑是一份巨大的精神成长礼物。

"傻小子"

19 岁那年,我来到母校南平市东山小学当起代课老师。

记得,那天陈登耀老师领我到黄瑶芝校长面前,校长和蔼地问我:"你当过老师吗?"我摇摇头。

"哦,没关系!你就跟我进教室,看我怎么上课。好吗?"我点点头,跟随校长,走进紧挨着办公室右侧的三年一班教室。

平生第一次,以"个子最高的小学生"的角色,聆听了校长的数学课。一连三天,进进出出。第四天课间操后,校长在教师办公室开了一个简短的会议,她说:"我要去参加教育局组织的教学观摩活动,我的课就由小邱老师代上。课程紧,人手少,请老师们多多谅解相互支持。"

会后，我拿着课程表主动对校长说："黄校长，我的课程表上不是还有三四个空格吗？干脆都给我排满了吧！"其实，我当时真是"无知者无畏"，天真地不知道一周课程究竟安排多少合理，毕竟我刚入职，年轻，精力旺盛。当我向黄校长提出后，她非常感动地说："小邱老师，学校已经给你每周排了23节课，这是咱们学校课排最多的了，我可不能再给你安排课了。"校长自然没有答应我的请求，但"傻小子"这样一个称号就传遍整个学校了。

"奔跑者"

人们都说"傻人有傻福"。我当年初入学校的这则"傻小子"故事，就在校长外出观摩期间被另一所小学——东门小学的校长魏运雄听说了。据说他大为感动："我们小学教育就需要这种傻劲。"

新学期开学，我就被魏校长"挖"到了他们小学当老师。记得那是一九七〇年九月十三日，我来到南平市东门小学报到。这所小学校址是在南平郊区的一所军营半山里，教师大多住部队营房，每天听军号起床，跟部队出操训练，甚至教学管理也带有一些军事化的特点。后来，我在部队营房与军人一起一住就是十年，青春记忆里的军号声，鞭策着我早起跑步锻炼。有同事就曾问我是否当过兵，我想我的身上多少带有一些军人的气质，也许就是那时候熏染的。

当时学校办学条件比较差，教室分散在部队营房、山中平房和民宅三处。校长拍拍我的肩膀说："你年轻，多跑跑！"并且委以重任，不仅给我安排了最多的课程，体育、音乐、图画等等什么课程都有，简直把我当成了一个琴棋书画无所不能的全才；而且让我每天都得锻炼，当个"奔跑者"，半天课程居然安排学校、民宅、部队三处，让我来回奔跑才能赶上课时。其实，每次上课的奔跑，都激荡着我心中的教育梦。

最怀念的是，魏校长在他与罗维沙老师同住的一间部队木板房宿舍里硬挤出一个床位给我，让我能耳濡目染两位优秀教师的风范。每天晚上临睡前，听他们讲师范毕业任教的那些故事，这对一个年轻的代课老师来说，真是太幸运了！在这样德高望重的前辈日复一日、潜移默化的影响下，我的教师职涯一开始就站在了一个较高的成长起点上。

为鼓励我学手风琴，魏校长竟然破例购买了一架手风琴，让我这个代课老师去学，并手把手地教我。每天傍晚，魏校长示范拉手风琴，罗老师拉二胡，我则在一旁唱歌，木板房中琴声、歌声、笑声不断，洋溢着教师职业的欢乐。

好后生

一九七二年，我通过了民办教师转为公办教师的考试。不久，被通知前往南平西芹开平寺，接受民办转公办教师的培训。负责培训班的是从南平实验小学校长调任南平市教师进修学校副校长的周少英。

在当年的体制下，民办教师转公办教师是需要满足很多条件的，而在南平市区只有4个正选名额和1个备选名额，我是唯一没有一点背景的。

不久，通知下来，市区4个转正名额被同批的4位女教师囊括，她们皆大欢喜。我这个被誉为市区民办教师队伍中唯一的男性"种子选手"，则成了落选者。

"难道我没有资格成为公办教师吗？"我心有不甘，黯然神伤，彻夜辗转难眠。第二天，周少英校长把我叫到办公室，语重心长地对我说："小邱，在未来人生中，你将会面对无数个困难，要学会正确对待。你一定要学会冷静思考、理性面对。"一席话，让我平静很多。"你是个好后生！当教师，要看远些，落选就当磨练。命运是掌握在自己手中的！"周少英校长的一席教诲，好比一针强心剂，让我一生受用。

没有背景，在那个仍然讲究"出身论"的年代意味着什么，今天的人恐怕很难理解。有时候它意味着一个人极有可能完全被剥夺了所有的发展机会，这是很可怕的。

然而，无论是谁，都不应该抱怨你的出身，这不是你的错；不应该抱怨你身处的社会，你可以适应它，可以改变它，但切不可自怨自弃。如何正确对待你的出身，如何转变自己的命运，这是任何时代任何人都应该认真思考的人生问题。

后来，市委宣传部组织"爱国主义教育"演讲报告团，周少英这时已调任市教育局任副局长，他推荐我参加。先在学校试讲，他专程到学校指导我演讲。一场讲下来，周少英对校长说："小邱有演讲才能，有前途，值得好好培养。"这评价对我是很大的激励，就是从这一次开始，我踏上漫漫的演讲征途，至今平均每周都会有一场演讲。

我当时任民办教师，只有初中学历，知识积累毕竟不够，周少英竟然不弃，亲自给我修改演讲稿，事无巨细，甚至还指出我演讲中所引用的一些小故事的谬误。

后来，每逢困惑，我总会向他倾吐，他也总会热情地为我指点迷津。在我心目中，周少英就是我的精神偶像。

得益于周少英老师的再三关怀与勉励，我走进了师范大学。很多年后，周少英调任福建教育出版社任编审，我们都在福州工作和生活，请益的机会更多了。我邀请他参加省少先队工作学会、心手相牵专家组，请他为少先队辅导员培训班授课。他的博学、风趣、幽默，都令我感佩至深。

虽然我们是多年师生情加之朋友谊，但我却看不懂他很多苛刻的生活原则。他家四面皆书，藏书无数，还有个怪癖，从不外出吃饭。即便是叶礼璇、蔡承瑄和我三位门生相邀餐叙，他也从不破例。在生活上，他洁身自好；在工作中，他严谨认真，七十多岁了仍然笔耕不辍，还在《光明日报》发表论文，讨论教育事业编审工作的改进。

成长路上关键的时候，有贵人相助给予援手，哪怕只是一个微笑、一次关怀、一次提醒，都是人生的福分。特别是在我心灵的创伤纤毫毕露时，他们唤我真情，给我慧眼，教我包容，赋予我前行的正能量。

我永远感恩给予我生命正能量的教育先行者。

> 宣布我任副校长的那天，我还蒙在鼓里……

侠气柔肠胡校长

在南平市东门小学一呆就是 14 年。我从代课教师、民办教师，转为公办教师，提拔为副校长，直到考上大学，这一路成长，得到林兰瑜、陶桂蓉、龚双修、陈美艳、徐玉珍、林淑琪、宋瑞芳等老师热情无私的帮助，特别是得到了校长胡传群的呵护引领与提携厚爱。可以说，我在一线教育岗位上的成长，是胡校长一手栽培的。

胡校长是四川人、党员、军属。她的正义感，她的前瞻大气的教育思想、谦虚耿直的为人处世方式、雷厉风行的行事风格，都深深地影响感染着我，鼓舞教育着我。张木良先生也深有同感地说："胡校长值得一书！"

拓宽平台

一九七二年，东门小学魏运雄校长提任市教育局基教科科长，由胡传群接任校长。同前任校长一样，她总是不断鼓励我立足岗位自学成才。最难能可贵的是她从不放过任何一次机会，给我提供了许许多多学习锻炼成长的平台，让我参加各级各类的学习活动，不断地带领我增长见识，拓宽视野。

记得一九七三年，南平市组织田径运动会，需要裁判员，她得知后，主动找市体委，推荐担任体育老师的我参加，让我当田径裁判员。体校黄教练感慨地说："好多学校要抽调人都不同意，东门小学倒好，胡校长送人上门真是少见！"

一九七六年，当她得知南平与宁德举办武术教师培训班，就送我到宁德，参加武术教师3个月脱产集训。返回学校后，我立即组织起一支"武术队"，80多名学生报名参加。每天晨练时，清一色的武术队服装，成为一道美丽的风景线。武术队还利用假期深入乡村，巡回表演。

胡校长非常重视学生兴趣特长培养，总是放手让我在学校里组织各类红领巾社团，有歌咏队、篮球队、武术队等。每年"六一"儿童节学校都要组织一场面向社会的专场汇报演出，借助九二医院大礼堂，邀请所有家长观看。我请来南词剧团的朋友，七八人凑成一个小乐队，我具体协调演出并担任乐队手风琴演奏，像模像样地完成了学校交给的演出任务。

也许她看我嗓门大声调高会吆喝，又让我参与组建学校篮球队，协助教导主任开展课后集训。还真没想到在全市小学生篮球比赛中，我校脱颖而出获得小学组第一名。

胡校长还放手让我参与学校的组织管理工作。我成功组织了"我们爱科学"的主题队会，开展了"校园课间集体舞大赛"，举行了"我们爱祖国"主题大队会等，吸引同行的目光，前来观摩学习的人越来越多。

虽然将大量时间放在组织校园活动上，但我仍未敢在教学上放松，教学成绩更是名列前茅。自一九七九年带毕业班直至一九八四年考入师大，我的教学成绩斐然。一九七九年我带领的第一届小学毕业班参加小升初考试，我们班一共33个学生，竟然有28人考入最好的南平一中，这次"放卫星"使学校名声大噪，我也有点小名气。

知人善任

记得一九七九年，宣布我任副校长的那天，当时兄弟校的不少同事都知道了这件事，我却还蒙在鼓里。会还没开始，有同事就悄悄地开我玩笑，说："小邱你这么年轻就要当副校长了，要请客。"我当时不相信，直到大会宣布任命名单后，我还觉得是一个梦呢。后来，我才听说，人事任命前，胡校长曾到教育局领导的办公室，拍着桌子，直言不讳："小邱如果不当副校长，我这个校长就不当了！"教育局重视一把手的意见，也相信她知人善任，便采纳了她的建议。

当了副校长，我仍然坚持教毕业班，清晨就带学生去跑步，周末给学习困难生辅导，那年头单纯，从没想过收取一分钱的报酬，没有谁要求我这样做，但我只是觉得当老师的，为学生做这一切实在再正常不过。

当她得知福建省在武夷山举办优秀辅导员夏令营时，又一如既往地推荐我参加。如果没有她找到市教育局局长协商争取，恐怕我与少先队结缘之事早就化为泡影。

深情寄望

一九八四年我考上福建师范大学，在欢送会上，胡校长率先饱含深情地说："邱副校长被师大录取是一件大喜事，是学校的光荣，是四化建设的需要。他在东门小学 14 年期间，为振兴东门小学，提高教学质量，活跃少先队工作，转变差生教育，提高学校知名度，都倾注了心血，立下功劳，付出了 14 年的宝贵青春。小邱事业心强，上进心强，工作有魄力，学习有毅力，有见识有才华，给我们留下深刻的印象，值得学习。如今，他还有闪光年华到大学深造，相信他会为党和人民作出更大贡献，相信未来有更重要的工作等待着他。"

  胡传群校长对我的爱护培养让我明白许多做人的道理，从她那里我学会了踏踏实实做人，认认真真做事。在学校从事教育工作的道路上，胡校长的关怀也让我怀着一颗感恩之心。这也许是很多年后，我初创"福建情商研究会"时就把"为别人着想，对一切感恩"作为了研究会信条的原因之一吧。

  后来，我因为要走上共青团系统的工作岗位，就这样离开了校园，也没有了机会给校长当副手，但至今仍然深深地感谢他们为我提供了长达14年的工作平台，让我历练，让我成长，让我在一长段的韶华时光中，留存一份美好的人生影像。

我们为什么需要精神恩师

那一季的橘子，格外地甜，大家都有这样幸福的感觉。

棠棣之心，蜡烛之命

"棠棣之心，蜡烛之命"是一位高人对张木良先生的开示，也是木良先生人生哲学的浓缩。他总是情系中华，侠义柔肠，点燃自己，照亮他人。

― 师与友 ―

心系教育

　　一九七九年夏天，刚刚经历漫长的动荡岁月，一切百废待兴，少先队也开始恢复建制和昔日的机能。当是时，福建省优秀少先队辅导员夏令营在武夷山开营，名额很有限。东道主建阳地区团地委书记张木良心系教育，关心少先队辅导员成长，就向省里多要了10个名额，这样建阳地区下属的每个县市就都多分到了一个宝贵名额。

　　这个名额分到南平市，被东门小学胡传群校长获知，便主动向教育局争取，让分管少先队工作的副校长的我参加。张木良亲自打电话催报，南平市教育局局长也跑到我家里来当面通知，在迟到一天报到的情况下，我终于来到了武夷山夏令营活动。

　　而那时，我压根儿不认识张木良。

　　武夷山夏令营的16天，条件很简陋，木架子都是自己搭的。夏令营设在武夷中学，宿舍是一间教室，用桌椅拼在一起作床。我迟到了，课桌也没了，只好找几块木板作床。课桌和木板搭的床，虽不是地铺，却也比地铺好不到哪里去。但是大家不是为游山玩水而来，虽然这是我第一次到武夷山，但无意于纵情山水，只为挥洒一腔热情，为新事业探索一条路子，为人生寻一个新的起点。

　　那时我才20来岁，出身音乐世家，性格也较外向，在夏令营显得较活跃，安排在夏令营第二中队，中队的辅导员黄梅指派我拉手风琴，为中队歌唱伴奏。没赶上开营式，却难忘闭营式。我最难忘的是一九七九年八月九日这一天，张木良先生作为东道主在闭营式上侃侃而谈，令我敬佩。那天夏令营闭营式上，我请张木良先生题写勉词，他略一思索一挥而就，写下了："今夜畅饮胜利酒，明朝育苗劲百倍；待到理想化宏图，重摆美酒再相会。"迄今，我像宝贝一般地珍藏着这勉词，这是我初识木良先生的见证。

　　夏令营传递出一个消息，木良先生传达了团中央要求在全国成

113

立"红领巾学校"的精神，要在当年九月开学时就挂牌。我们做了充分的准备工作。趁九月份新学期开学之际，木良先生专程从建阳来南平东门小学看望我，我们学校正召开南平市的第一个"红领巾学校"成立大会，一夜之间，全校师生佩戴上了鲜艳的红领巾。这成了整个南平市的一件大新闻，媒体专题报道了这件事。木良先生深情地对我说："你们学校行动很快，执行力很强。"

木良先生去北京参加团中央的一个大会，回来后告诉我，人家北京的中小学校现在开始升国旗了，希望我们学校也举行升国旗仪式。随即，他拿出从北京带回的一面国旗送给我校。我记得特别清楚，这缎面丝印的国旗，要16元人民币，在当年这可是一笔不小的数目，相当于我们教师半个月的工资了。我要算钱给他，他却说就算团地委送给东门小学的。

我找来一根树干当旗杆，木良先生说这太不严肃，旗杆哪有这么弯弯曲曲的，一定要笔直的。胡校长向部队领导求援，九二医院乔安友副院长一听说，"这是对孩子们进行爱国主义教育的好事情，应该支持。"就挑选了一根又长又粗的钢管送给学校，学校就将它竖在操场中央。于是乎，我们学校又成了南平第一所升国旗的小学。

关爱儿童

由于东门小学地处市郊的半山上，山脚到校门口足有300多米，要拐两道弯。山坡满是农田，从山脚到半山，没有大的路，只有一条泥泞的田间小道，甚至只能算是一条田埂，而且这埂道坡度陡峭，不要说七八岁的学生娃娃，即便是老师上下也颇觉得行路艰难。尤其是埂道两侧，是农民们为灌溉而挖掘的两条沟渠，雨天路滑，有的学生从埂道上跌落水沟，虽无生命大碍，却也叫人提心吊胆。然而谁也没想着改变现状，师生们战战兢兢地将就着过了很多年。

有一次木良先生来，正巧是雨天，这泥泞的埂道刚好被他看在了眼里，皱着眉头问："这可不行，让孩子走这样的小路太不安全了，为什么不能向社会集资，通过募捐一些资金，修一条大路呢？"

我们年轻的师生们躲在半山里两耳不闻窗外事，一心只读圣贤书，缺乏社会经验，木良先生的指点，恰为我们指出了一条明路。

由于东门小学的学生多半是来自山间的农民娃和山下的部队子女，我便搬了一张课桌到部队医院小卖部的门口，写了条横幅"请为孩子们上山读书修一条平安路吧"！没想到，部队家属们早就想这样做了，纷纷慷慨捐款，10块、50块、100块，九二医院的张廷斌院长更是捐了200块钱。要知道，当时部队军官和军医的收入一个月才100多元钱。胡校长干脆直奔部队乔副院长办公室，经协商医院党委同意拨出一笔经费，支持学校修路。这样仅从部队我们就募捐了5000多元，这笔钱在当年可不是小数目。农民们穷困，没有余钱，但为了修一条平安路，他们争先恐后地出力气，很快这条路就修好了。

木良先生得知路修好后也很感动，通路的那天，他专程从建阳赶到南平东门小学，挥毫泼墨，给这条路起了个好听的名字——攀登路。

攀登路语带双关，这不仅是一条坡度陡峭的山路，也是莘莘学子在书山辛勤攀登的路，还是我们这些年轻的书生们社会实践的尝试和努力，这是社会山路上的攀登，也是精神文化上的攀登。

木良先生也曾对我娓娓地讲述他早年的攀登路。他是惠安海边人，世代为渔民，靠捕鱼过生活。当年他考入厦门大学之前，他像渔民先辈们一样，靠一双赤脚在大海的风浪里、在海边的砂石里磨砺，从小几乎没有过穿鞋子。他是光着脚，踩着两个脚板，从小学走到侨办的荷山中学，最后从惠安走进厦门大学的。

那可真是一个艰难的岁月呐。

不过正是这早年的磨难，磨砺着一个人坚韧的性格。他的刚毅，他的耿直，他的耐受力，都是从那艰难的攀登中练成的。

有了几次接触之后，木良先生觉得与我一见如故，乃至于相见恨晚，我们便有了执手相谈，推心置腹。我作为一个后进的年轻人，从与他的交往中获益良多。

就说我们小学的那些调皮捣蛋的小孩子们。橘子成熟的时节，总有几个捣蛋鬼跑到山间，翻过部队果园的围墙，去偷摘橘子，免不了有时候被逮个正着。有的战士难免性情急躁，抓住了"小偷们"就是一番痛打。因为此事，农民家长和战士还曾发生过几次口角，更甚者动手推搡，伤了军民和气。

我是在很偶然的闲聊中，跟木良先生提到过这多年无法解决的这件事儿，他很认真地想了一段时间，最后跟我商量，是不是可以发挥正面激励的功效，成立一支红领巾纠察队，让学生自我管理好这些"捣蛋鬼"，说不定还能以集体主义的荣誉感从内心里打动他们。

我真的这样做了，效果很好，再也没有孩子们当小偷去捣乱了。而且，橘子收获的季节，孩子们主动结成队去帮部队收摘，在助人为乐中，感知劳动的快乐。那一年，部队深为感动，院务处梁处长亲自与战士抬了一大筐新鲜橘子，送到山上来，说要奖励给学校，让老师和孩子们品尝。因为东门小学大变样，红领巾督导队管理得好，今年橘子大丰收，硕果满园。这可是这帮"捣蛋孩子"的胜利果实呐。

那一季的橘子，格外地甜，大家都有这样幸福的感觉。

这件事影响很大，张木良先生有次到团省委开会，向编辑记者黄锟作了介绍，很快在当年的《福建青年》杂志上登载出来，专题报道了南平市东门小学校风转变的事迹，赞扬了东门小学军民关系处理得好，孩子品德教育得好。

我没想到，东门小学的新风貌，一时间竟引起了教育界的特别关注。

那年建阳地区在南平召开了一场"青少年思想政治教育工作经验交流会"，我应邀在大会上作典型发言。我写了《我是怎样转化后进生的》，木良先生很重视，他亲笔修改，把题目改为《像园丁一样小心翼翼地培养幼苗》，并把这篇文章转给了《福建日报》，没几天《福建日报》以《人民的好园丁》为题作了专题报道。自此，我这个年轻的小学老师在闽北教育界小有名气。而经由木良先生亲自修改的那份报告，我至今仍收藏着。

木良先生是很爱才的人，在与他的几年的交往中，我领悟到他把我当做一个可造之才来培养。其实他只比我大十几岁而已。以我这样一个毛头小伙子，在城郊一个偏僻的小学校里按部就班地一生任教，而他却能够给我创造那么多机会，让我从深山的学校围墙里走出去，走向社会，见识世面。

一九八〇年六月，团中央在中央团校开办首期"全国少年儿童工作干部讲习班"。张木良先生说服团省委，破例推荐我参加这期全国少先队工作最高层次的少干培训班。之后，建阳团地委又安排我到南平市、邵武、建阳、厦门大学夏令营等地巡回演讲。

这次进京培训，让我大开眼界。刚进入而立之年的我，第一次到北京，第一次登上天安门，第一次进中南海参观毛主席故居，第一次爬上长城。最难忘的是让我第一次接触到全国少先队大师级导师，那真是一次知识与理念的盛会，我好比井底之蛙跃出古井，看到新大陆般地充满惊喜，发现新世界如此博大。我废寝忘食，像海绵吸水般吸收新鲜知识。一个月的集训后回到南平，到火车站接我的侄女告诉我："叔叔真了不起，《福建日报》有报道你的事迹！"原来正是我被建阳地区表彰为"全区先进教育工作者"的事迹材料。后来《福建教育》也以题为《邱孝感转变差生》做了专题报道，而这些文稿都是经张木良亲自动笔帮助修改润色的。

武夷山入选世界文化与自然遗产名录，有木良先生的一份功劳。记得，他从团地委岗位调任武夷山管理局局长后，为宣传武夷山，特邀北京的王震亚、颜克等著名词曲作家和福州军区刘大鸣等国家一级作曲家到武夷山采风并为武夷美景创作歌曲，使之广为传唱。并组织"美哉！武夷山"的征文大赛，也抬举我作为评委会成员，参与这项有意义的活动。当他发现武夷山九曲溪的源头植被遭到破坏，成片林木被砍伐，便奋笔疾书，四处呼吁严惩毁林者，力阻乱砍滥伐现象，唤醒人们为子孙后代负责意识，重视自然生态平衡，拯救保护森林资源。他的刚正不阿的坦荡作风，深得时任省委书记项南的赏识，时任国家主席李先念在他们的报告中批示"青山不容破坏，绿水不能污染"。

爱国情怀

一九八六年，我被团省委调来专职从事少先队工作，木良先生也从武夷山调到省旅游局工作，我们之间友谊往来就更频繁密切了。

张木良先生才华横溢，诚交朋友、广结善缘，特别是来自宝岛台湾的各界人士，只要与他一接触，就被他那一腔爱国爱乡和大中华情怀所感染，成为挚交，我也从中深受教育。

张木良先生调任省旅游局后，一直为推动海峡两岸旅游观光、实现"三通"和海峡两岸最终实现和平交流，倾注大量的心血与智慧。他曾进京汇报，要求台胞回祖国大陆探亲旅游，试行落地签证。当他主动与时任全国扶贫基金会会长项南联系时，立即得到老领导的鼎力支持。项南亲自送他进中南海，并勉励他说，要努力促进"两岸同胞走亲戚，越走越亲；两岸尽早'三通'，免得劳民伤财"。他征得项南的首肯，大胆在项南写的诗稿上提炼出一首脍炙人口的、具有闽南风韵的诗《厦门与金门》："厦门、金门，门对门；金门、厦门一家门"，并先发表在《港台信息报》，流传到海峡两岸。当他惊悉项公驾鹤仙去时，泪流满面，四处传扬项公功绩恩德。他像项南一样精力过人且一身正气。他努力学习和宣传项南的精神，认真做人做事。台湾一位国民党中央委员刘宗明先生，是张木良的"忘年交"，他曾敬佩地对我说："当我得知木良兄和大嫂卖掉祖屋，还四处借钱才凑齐为儿子购房的首付时，我才认识到共产党干部的清廉！"

有一次，木良先生陪同台胞进京，发现天安门前升国旗仪式太简单，于是他上书建言"天安门前的升国旗仪式应该更加庄严隆重一些"，提出旗杆要增高，旗幅要加大，升旗时要有卫队，重大节日要有军队参与，学校要举行升国旗仪式等五项改进举措。新华社《国内动态清样》转载了此建议信，天安门国旗卫队党委也采纳了此建言。如今，校园的升旗仪式，以及壮观的天安门升国旗仪式，都催人奋进，激动人心，这与木良先生的建议分不开。

一九九九年张木良先生从省旅游局退休。二〇〇一年，我在时任团省委书记陈冬的支持下，邀请木良先生担任"心手相牵"国际项目活动专家组组长。为举办福建亲子游戏节活动，他专门请来全国著名邮票设计家万维生精心创作徽标和纪念封，并请设计家在现场签名；还请来原《人民日报》社长邵华泽题写"心手相牵在福建"墨宝，极大地提升了活动规格与影响力。如今，这枚名人名家合作的首日封已深入人心影响到海内外。同年 9 月 28 日，即孔子诞辰，木良和我等共同发起成立全国第一个省级情商研究会，推选厦门大学人力资源研究所所长、博士生导师廖泉文教授任理事长，他却谦任副职。在情商推广活动中，他分文不取，还自费复印廖氏理论、潜能开发等资料，四处宣讲，不遗余力，令我感佩，他却谦虚地说："虽然我能力有限，但做于国于民有益的事，从不惜自己的心力。"

二〇一二年，在福建省情商研究会第三次代表大会上，张木良先生毅然辞去副会长职务："让位给年轻人，该干啥我还会继续干。"在换届年会的当晚，他赶忙请著名书法家陈以强教授书写廖泉文会长为"情商十年"题赠给大会的诗句，作为贺礼送给大会。与会同志深情地说："有他在，会场总是异常灵动感人。"

张木良先生正编辑他的一部自传体文集叫《我的心路历程——位卑未敢忘忧国，石小犹期能补天》，这表达了他一生的情怀。

恩师张木良先生的"爱国爱乡、勤政为民"的风范，"待人以诚，廉洁自律"的品格，"棠棣之心，蜡烛之命"的情怀，是照亮我生命成长中的一抹红光，鼓舞着我继续前行。

后来，我查阅到小男孩的故事是德国小说家蓝斯的代表作《旅馆的那一夜》。

干干净净的恩师韩振东

每当我目触"韩振东"这三个字的瞬间，心灵便会产生一种悸动，一个满头白发的清瘦身躯的形象立刻浮现出来。韩振东是我的人生导师，在我初涉"队"坛时，走进他的课堂，聆听他的讲座，总有一种慕义若渴的情怀，一种催人奋进的力量。

— 师与友 —

热心肠

一九八〇年六月，我有幸作为福建省推选出的5名学员之一，走进中央团校"全国少年儿童工作干部讲习班"，成为全国首期少干班的学员。当时，"故事大王"孙进修老前辈以及张先翱、韩振东等少先队专家的精彩讲课，给我留下深刻印象。

一九八八年十一月，我第二次去中央团校，参加全国少先队理论骨干培训班，韩振东老师是我们的班主任，我被推为这个班的班长，与来自吉林的陈凌云和内蒙古的徐刚这两位中国少先队工作领域的铁杆人士组成了班委会。这样与班主任韩振东老师在培训期间就多了些亲近了解与学习的机会。韩老师对学员对教学对工作的火热之情，很快传递给大家。我们相处融洽，谈得很投缘。

有一天，韩老师召集我们福建学员，用低沉的语调说："高士其先生刚刚辞世，你们也是福建人，是否参加其追悼活动？""当然！"我们从小就崇拜高士其，于是相约到高士其家悼念。看到韩老师为高士其先生悼念活动忙前忙后，我们十分感动。

一九八九年一月六日，韩振东老师来信叮嘱我们："福建宣传高士其纪念活动当抓紧办好，特别是创建'高士其中队'的活动情况应及时通报。可否由福建少儿出版社出版一本以高士其与孩子为主要内容的儿童读物，若不可则可在你省队报写连载文章。"三月十八日韩老师再次来信鼓励我们："高老的宣传活动，你们福建省抓得很紧。我已给高志其寄去有关高老的故事提纲，他正尽力抓紧编写。"在韩老师直接关心指导下，我省师大附小等校少先队创建"高士其中队"的活动很快活跃起来。

如今，每当我走进坐落在福州市鳌峰坊的"高士其故居"，就会勾起当年创建"高士其中队"的情景，想起热心肠的韩老师。

其实在此之前，我已久闻韩振东的鼎鼎大名，他在全国少先队

121

工作领域堪称人尽皆知,他可是建国后少先队事业的开拓者、著名的少先队教育专家。他指导我省创建"高士其中队"的过程,让我直接感受到他对少先队榜样教育的独特视角与认真细致的务实作风。后来,当我了解他的传奇的少先队工作经历后,更增进对他的敬仰之情。

韩老师一九三六年生人,是中华人民共和国成立后第一批少先队员。一九五二年后在名校北京四中担任少先队总辅导员,曾受到周恩来、刘少奇、彭真等中央领导同志的接见。

对韩振东影响最大的是国家主席刘少奇与他的一次谈话。那是一九五九年二月九日,在北京饭店一间休息室里,时任国家主席的刘少奇想了解一下中小学教育的情况,便请坐在他身边的韩振东先说,这位23岁的小伙子向刘主席畅谈起少先队组织队员参观工厂和农村的情况,说:"劳动教育加强了,劳动后队员们的学习都好了。"

一个年轻的小伙子,能向国家主席汇报些什么情况呢?尤其在那个特殊的年代里,话语表达的分寸如何拿捏也是一种政治。假话是任何有良知者无论如何都说不出口的,空话和套话偶尔也难免说一些,最常见的,自然是打着"官话",多拣些好听的说,这不单单是政治需要,也可以说是人之常情了,更何况历来中国的官方汇报总有报喜不报忧的惯例。

但是刘少奇主席很认真。

"劳动后学习都好了吗?这是真的吗?"刘主席反问。

韩振东这才清醒过来,如实地"交待"了劳动以后也有些孩子学习退步的事实。

刘少奇主席说:"对任何事物都要两点论,不要绝对化,要学会全面地看问题,当一种倾向到来的时候,不要忘记另外一种倾向。中小学生应适当地参加劳动,但是要注意根据他们的年龄特点来安排。应该是劳动后更爱读书,读得更有趣、更理解……"

一席话,让韩振东深刻明白了劳动教育与文化知识学习的辩证关系,也让他在日后的少先队工作中更加实事求是。

—— 师与友 ——

幸福观

　　一九七八年韩振东调入中央团校。后来团校改为中国青年政治学院时，韩老师是学院少年工作系的倡导者和创办者之一。他在早年就对一个少先队工作者的幸福观有过深刻的见解："我领悟了一个深刻的道理，辅导员的幸福不就体现在培养出超过自己、超过前人的人才吗？"

　　很多年后，不少当年韩振东老师的学生，仍然感佩韩老师的这个幸福观。现任中共中央政治局常委会委员的俞正声当年就是韩老师班上的学生，他曾深情地说过："感谢韩先生的谆谆教诲，让我在中学时代树立了共产主义远大理想。"

　　韩振东老师的幸福观，很荣幸地传递到了我的身上。

　　就在那期理论培训班期间与韩振东老师的交往中，有一件小事我印象极深。那是在校园里的一棵大树下，我和同样来自福建的冯秋水、罗雪松一起散步聊天，韩振东老师远远地走过来，向我们挥手致意，我看见后连忙迎了上去。谁知道走近了，他劈头盖脸地来了这么一句：

　　"你怎么不回应我呢？"

　　顿时，我不知所措，无以应答。

　　韩老师笑一笑，说："跟你开玩笑呢。"我们坐在大树下的石凳子上，韩老师给我讲起一个故事，至今我都清晰地记得故事的内容。

　　在德国的一个偏远的山村，有一个小男孩，当火车开过这个山区小镇，小男孩欣喜若狂。每当火车驶过时，他总会站在小山坡上，向过往的火车车厢里的乘客挥手致意，可惜火车呼啸而过，车内的乘客没有谁读懂他的内心，没有谁挥手回应他。小男孩一再失望之下，居然生了一场病。

　　焦急的父亲带着小男孩进城求医。那一晚，他们住进邻近火车站的一家旅馆，遇到了陌生人，不经意间谈到了小男孩失落的原因。第二天，小男孩鬼使神差般地又站在车站的月台边向火车挥手。这一次，蓦然间，有位乘客从车窗探出半个身子，不断向他挥手招呼。面对这陌生人的回应，小男孩喜出望外，一边追着火车跑，一边挥着小手，直至筋疲力尽。返回旅馆后，小男孩的病奇迹般地好了。

"小邱，你能否成为那位陌生的乘客，向眼前的孩子挥手呢？"韩振东老师讲完这故事，语重心长地问我，"咱们当老师的，心中一定要开启关注孩子的敏觉的那扇窗口，注视一双双风中挥动的小手，把温暖回传给孩子……"

那天的一席话，让我受益终身。后来，我查阅到小男孩的故事是德国小说家蓝斯的代表作《旅馆的那一夜》。

从此之后，每逢我出差或回乡，但凡乘坐火车或汽车，只要看到车窗外有小孩子，我便会下意识想起韩振东老师"把温暖回传给孩子"的谆谆教诲，自然地微笑着挥起手来，无论窗外的孩子是否回应。很快，我也发现，越是偏僻地区的孩子，越贴近乡土的朴实，就越容易回应你的热情。挥手，冲破疏离，带来亲近。

"咱们当老师的……"韩振东老师的朴素话语，驱使我去思考探究挥手效应的神奇力量。在《少先队辅导员DIY》一书中，我介绍了自己创编的"五手运动会"，即拍手鼓掌声、举手欢呼式、握手交友礼、牵手编队操、挥手专用语。在我担任福建省希望工程办公室副主任的三年期间，每逢陪同海外华侨深入八闽农村，为希望小学剪彩时，我那挥手效应，简直成了一道独特的风景线。后来，与迎面而来的人热情招呼，给行礼孩子一个抚摸，向沮丧孩子发出友爱讯号，给天真孩子一个赞许目光，回应冷漠表情一次微笑，鼓励胆怯者跨过一个小坎……站在"教师"舞台上，我把"童年走好""少年不酷""青春有悔""壮年匍步"，人生的酸甜苦辣，生活的种种奇迹，转化成一个个小故事，告诉孩子，用大手牵小手，共同完成和见证一个个成长的足迹。

这些，都是韩振东老师给我的直接教导或间接启发。

情依依

人生中，三次去中央团校。第一次是一九八〇年，在首期全国少年儿童工作干部讲习班里，当学员，跳"小燕子"舞，全国的同行记住了这个"胆大妄为"的福建毛头小伙。第二次是一九八八年，在全国少先队理论骨干培训班上当班长，聆听韩振东等老师的教诲。第三次是二〇一二年，在全国少先队辅导员骨干培训班，这次是当老师。32年弹指一挥间，我从学员到班长再到老师，三个角色的转换之间，算是一种成长的路径。

可是，韩振东老师无法见证这一时刻了，他走得太早，太匆匆。

一九九一年二月九日，年仅55岁的韩振东老师因心肌梗塞突发，抢救无效，永远离开了我们，一生清贫，干干净净，清清爽爽，挥一挥手，作别西天的云彩，不带走一丝的牵挂。

如果说韩振东老师还会有什么牵挂，也许是他还有一个未完成的心愿，就是正式收我为徒。

有过多次的师生学习生活之后，韩振东老师的成就人才的幸福观降落在我身上。那是在一九九〇年十一月十二日，我收到从中央团校发来的一封信，那熟悉的字迹一看便知是韩老师："邱孝感同志：好！张先翱转来了福建代表团赠送的纪念品，感谢你们对我发自内心的友好信任之情。"信中坦言："我一生的财富是清廉正直的学生。我已决定收徒了，在全国范围内，选取德才兼备的善良的学生为徒，比师生关系更进一步。福建省真心对我好的大约只有2人，一人是你，另一人是林钟乐。你若是愿意，你知我知即可。若有不便之处，我们友好如故。"400格的纸写满3张。韩老师主动提出来要收我为徒，我确感意外，深感受宠若惊。

一九九〇年十一月二十六日，韩老师又专门写了一封长信寄到福州，发出真挚而热情的邀约，这回省略姓直称："孝感同志：好！

从年龄讲,我是降落期,你是起飞期,要学会团结人,要能屈能伸,要学会冷却,有所不为才能有所为。"他信中说:"一九九一年一月六日去沪,参加段镇同志教育思想研讨会,他对我最好。你要设法及早登上全国的舞台。我的财富,就是善良的学生,你在这方面是最突出的一个。你很能写,特别是感情色彩的东西。可以多写一些,有个指标。《少先队研究》《少年儿童研究》《辅导员》等都可用。"又写满了3张信纸,并留下他新改的电话号码。

因时至年终,省少工委在漳州召开全委会,我忙于赶写会议材料。半月后,我于一九九〇年十二月十日才提笔回信:"尊敬的韩老师:见信好!一年365天不知收到多少信函,最令我激动的当推您的惠书,您以自己对人生的体察,对我的信任,给我指导,催我醒脑,教我立世,真是师恩难忘!您的来信句句打动我的心。今生拜师,算有此缘分。回想一九九〇年我有二事载入'史册',一是组织上聘我为'福建省少先队总辅导员',二是能磕拜您的门下,真是人生幸事。人生难觅知己,如今我能求一知己之师,我理当虔诚'程门立雪'。"

这是我极其认真地写给他的一封饱含真情的长信,表达我的心愿。

但再也没有,也无法,收到他的回信了。

后来,一位在团中央工作的好朋友告诉我,韩振东老师走得意外而匆促,所以事先根本没有任何准备,很多手头上的工作还没了结,他就走了。他走后,这朋友去韩老师家里,帮忙整理遗物,赫然发现,在韩老师的书桌上,工工整整地放着一封摊开的长信,正是我写的,朋友仔细读完了我的信。很多年后谈起韩振东老师时,他还半开玩笑地说,也许正是我那封信,太过用情,太激昂热情,刺激了韩老师,让他在激动之余突然病发吧?!

韩老师,当您把那封长信,摊开在桌面,是怀着怎样激动的情绪啊?当您读到我的书信,为何如此匆匆地作别,像是给生命的终结打一个巨大的惊叹号,让人如此地错愕?

韩老师呐，抑或是，您的猝然离去，是对这个未行拜师礼的不肖之徒，又一次地批评和指责，让他永久地在漫无边际的悔恨与漫无边际的悲伤中，遗憾而又遗憾，失落而又失落，空留他孑然一身在漫长的未来岁月里踽踽独行，踟蹰而又踟蹰？

"你为什么不回应我呢？" 22 年过去了，22 年前中央团校那棵大树下的谈话，韩振东老师音容宛在。您的这个未曾拜师的徒弟，多想让时光倒流，回到 22 年前，用您曾教导的方式，郑重地，对您挥一挥手。

今天，现在，我在向您挥手，您看见了吗？

> 签到簿上，唯独有一个人从来不签姓名，只是草草地打了一个钩了事，很快我知道了这个人名叫王章煌……

才高八斗洛阳客，智比留侯入闽山

一九八六年我刚到共青团福建省委工作时，团机关实行上班签到制，但在签到簿上，唯独有一个人从来不签姓名，只是草草地打一个钩了事。很快我知道了这个人名叫王章煌。于是有一次故意跟他开玩笑说："章煌兄，你太有个性了吧！你干嘛不签名字呢？"章煌只是无奈与酸楚地跟我摇摇头。

如果说他是一个偷懒的人，因此而反对上班签到，那就太冤枉他了，相反，在多数情况下，每天第一个上班的，是他，每天最晚下班的，也是他。以至于当年团省委机关有一个说法，机关宿舍楼里有两盏灯总是最迟关的，其中一个就是王章煌。

事实上，他每天早晨四点半就准时起床读书，大有古代文人学士的风范。很难想象，像他这样17岁就开始在地方上担当政治家角色的青年领袖，怎么可能静下心来认真研究学问呢？

敏而好学

一九六六年"文化大革命"一开始，章煌17岁高中毕业就任公社党委书记，他属于才华横溢和敢说敢干的那种人，因此很快就调任省青联副主席。一九七八年最得意时，章煌作为全国特邀专家，

— 师与友 —

被抽调到团中央，参与起草修改胡耀邦的团十大报告，一时间名动京师。他自己说过，在团中央工作过，在团省委工作过，在团市工作过，也在最基层的团委呆过。从中国最底层的行政单位，到中国最高层的中共中央，都有所经历和见识，因此无论从理论层面还是操作层面，章煌对中国政治的见解往往深刻而独特，各级官员争相引为座上宾，福建省直机关有100多厅局都曾邀请他作专场报告。

但正是因为少年得志，才在政治生涯中遭受不少挫折，以至没能走得更远。一位政治家朋友私下对章煌说："因为'文革'动荡时代的经历，涉及多年后的定性，在政治前途上你已经被Pass了，不如把精力转向学问吧。"于是，章煌去团校担任了教授之职。

章煌是莆田人。莆田这个地方从古以来有"海滨邹鲁"之称，学风甚为浓厚，历来文人才子辈出。早在唐朝末年，科举取士施行不久，莆田人翁承赞高中第三名探花，并在闽王王审知国中任到宰相，他可能是莆田读书人最早的学而优则仕的范例吧。翁承赞这个人学问渊博，诗也做得好，在《书斋漫兴》诗中，他写道："池塘四五尺深水，篱落两三般鲜花。过客不须频问姓，读书声里是吾家。"在翁承赞之后，"读书声里是吾家"这诗句像一盏在时空隧道传递千年的明灯，指引着莆田科甲鼎盛、人才俊秀的灿烂路途。在1300多年中国科举史上，一共出过11万名进士，其中莆田人就有2400位，也就是说，每50个进士中就有一位是莆田人，这是非常了不得的成就。莆田出过22名状元、14名宰相、70多位尚书，这学而优则仕的盛况恐怕在中国任何一个地区都是不多见的。所以说，章煌身上读书人的那股劲头，是诚有历史渊源的。

章煌先生自幼敏而好学远近闻名，被誉为神童。他小时候熟读经史子集、四书五经，他深谙《道德经》《易经》的思想精粹，对中华优秀传统文化情有独钟。中学之后对西方哲学广泛阅读并深入研究。他把哲学比作人的脑髓神经，认为一个不深研哲学之人，思想就不可能深邃，见识就不可能高远。他不仅对马列毛选的许多篇章能倒背如流，而且古希腊文化、印度文化，文艺复兴时期的鸿篇宏

129

论,不论是柏拉图、亚里士多德、孟德斯鸠,还是黑格尔、尼采、康德、培根,以及叔本华、卡耐基、奈斯比特,他都能如数家珍。

他记忆力超群,博古通今,对中华儒、道、释有独到的领悟。他认为儒家重为人处世,好比粮店;道家喜心性抚慰,犹如药铺;佛学讲法喜随缘,似同百货。对历史掌故、天文地理都有涉猎。他利用到各地讲学之际,淘来不少刊有地方奇闻和风情轶事的书籍,成就他隽永表达的一大风格。他自制的卡片式的读书笔记积累了一万多张,以至经典章节都能背诵如流,所以他的演讲很有风范,气场与众不同,粗犷不失敏锐,犀利不失风雅。他擅长俗语妙用,即席发挥,经他那风趣之口,其宏大理论、高深哲理,让人顿然幡悟。我经常感叹,他这个脑袋瓜怎么倒像一座图书馆呢?今天有这样的记忆力的教授恐怕不多了。

也许同是从事青少年工作的研究者,我与他走得很近,他洞察人生又倾注真诚,也善于聊天,每每茶叙中我都大有所获。每次交谈都十分愉快,这样我们的交往情谊日渐深厚。他对当代青少年新特点的剖析,对青少年思想教育对策的见解,都让我十分钦佩。他是《福建青年》特邀专家,"头脑清醒者",凡经他审读的文章没有差错,深受欢迎。他的热情、敏锐思想、认真品格都让人耳目一新。他赠送我们的《中华传统文化与现代青年》一书,处处闪烁着思想火花,让我永久铭记。

演讲大师

与章煌先生共事二十多年,我渐渐对他有了更多的了解,每当与他促膝谈心时,对他的敬佩之情总会在我心中油然而生。我力邀他加盟省少先队工作学会。他的经典言语已深入人心,比如他有关"拜金论"的观点:"金钱不是万能的,没有钱是万万不能的;君子爱财,取之有道,用之合理;一个人活着需要钱,但不能为钱而活着；一个人没钱是很可怜的，但活着只为钱是很可悲的。钱可以买到权势、名声、鲜花、美女与别墅，但买不到真心、真情、美丽、幸福和生命"。

他演讲时常有一个经典的手势动作，喜欢在动情处大手一挥，继而抱胸于前，侃侃而谈。章煌讲话时，眉毛会竖起来，嘴角会翘起来，一幅很神气的模样。他面色红润，底气很足，声音洪亮。但是带有浓重的莆田口音，有人调侃他讲课时普通话不过关，他却说："毛泽东那一口湖南口音，邓小平那一口四川口音，都不影响他们作为老一辈革命家和演讲家，我这口音又有什么不好，这就是王章煌特色！"就用这口音，把历史风云风趣幽默地演绎，加上眉飞色舞意气昂扬的手势姿态，听者不仅懂了，而且听得如痴如醉。他的品牌课程是时事讲座，他对国际游戏规则的破解，对天下大事的解读，宛如诸葛亮的"隆中对"，了如指掌，针砭时弊，令人叹为观止。

很快便在业界出现了"章煌现象"：他所到之处，"粉丝"蜂拥而至，求合影者有之，讨教者有之。只要他的身影出现在辅导员培训讲台，笑声、掌声不绝于耳。他演讲一气呵成从不卡壳，不带一张稿子，不喝一口水，不说一句废话，不坐着演讲，这一点，闽省尚无人能够超越。

章煌先生离开公务机关，他个人倒完全没有损失，反而学术界多了一个学者，教育界多了一个专家。章煌悉心从事社会科学的研究，记得重庆当年要升格为直辖市，从全国请了12位专家，章煌也是其中之一。凡聆听他演讲的人，无不折服于他旷达的人生阅历，渊博的学识结构，机智的演讲口才。他先后走进150多所大中专院校，开设过12门课程，出版了16部著作，发表了300多篇评论文章，演讲6300多场，直接听众居然达到上百万人次。

坦荡为人

章煌先生为人坦荡，每次与他交谈，他都直言不讳，力劝我走专家道路。记得一九九五年我参评"中学高级教师",他是论文鉴定专家。至今,我仍珍藏着他亲笔手书的"专家鉴定意见":邱孝感同志在少先队工作领域中知名度相当高。他发表在《少年儿童研究》的《建设红领巾小工程刍议》是一篇难得的高水平的专业论文,可以作为评审中学高级教师学术水平的依据。并郑重签名盖章。

二〇〇九年八月,章煌先生与我作为省委组织部特邀的命题专家,来到省委大院。那天,我们两人各自都从共青团的视角,提交了一整套考试命题,这是作为省领导干部公开选拔与竞争上岗的命审题库的备选考题。席间,我关心他的身体状况,他却淡淡一笑,对我讨教命题见解却饶有兴趣,他直言不讳:"命题,最忌讳随波逐流,理当砥柱中流。选拔人才的考题,是需要我们在体察、构思、创新之中独辟蹊径的,让应考者觉得既意料之外,又情理之中,这才算得上命题的上品。"他是这样说,也是这样做。他总是对工作饱含热情,专业精益求精。我深知,以他的才学、专业地位,尤其对共青团业务之精通,其选题入库率使用率自然挺高。

二〇一二年在中央团校祝贺黄志坚教授八十华诞暨从事青年和青年工作研究五十七周年座谈会上,人们还怀念起参与团的"十大"筹备工作的王章煌。记得当年参加筹备团的在京同志,在20年后的一次聚会上,他们一起说了一番话:"我们这些在共青团这个熔炉里锻炼出来的,都是一群有本事的人,做官的、搞企业的、做慈善的、做学问的都能做大做好。"说到做学问,他们指着黄志坚教授说黄老师就是一个,还有一个福建的王章煌,也是做学问的,都把一辈子的精力献给共青团的事业,献给了青年研究事业。

北京联合大学李兴国教授曾书赠章煌一幅大的隶体"博"字并题了一首藏头诗:

王道霸道弹指间,章则典据玉珠联。

煌煌文明千古事,公道正义在人心。

才高八斗洛阳客,智比留侯入闽山。

通古博今辨易数，天人合一忙亦闲。

每句诗的头一个字连起来就是"王章煌公，才智通天"，对王章煌聪明才智及渊博的知识给予了很高的评价。

章煌也是一个怪人。他住院时不许任何亲友前去探望，出院后在家休息三个月。离开的前几天，他自己多少有些感觉，亲自写了一封信，要把书籍和卡片委托给我和另两位朋友，信末，他工整地写道："永别了！"并签上自己的大名。

章煌离去那天，狂风大作，大雨倾盆，他沐浴整洁，躺在竹椅上，颇有诗意地感叹："哎呀，在这样的天气里离开，真是很有诗意的一件事呐。"他就是有这样的诗人情怀，离开这个世界时，也是如此诗意地离去，不能不让人久久地怅然。

半个多世纪之后，有一位化名"片帆沙岸"的散文家，在《汶浆轶事之下巴琴》里写杨沐在一九六九年夏天的一段故事。他在文中把杨沐称为南平当时小提琴一把手。

音乐家杨沐的"下巴琴"

著名的音乐人类学家杨沐，与我是南平的邻居，同属"老三届"，他从小酷爱小提琴，我俩同样爱好音乐，自然往来十分热络。他凭借自己的聪颖好学，考入中央音乐学院，后来又去澳大利亚攻

读硕、博，成为澳大利亚新南威尔士大学终身教授、国际知名学者、音乐人类学专业著名博导。他每次应邀到北京、广州讲学，都会电话告知我。我得便也邀请他为少先队辅导员开设《后现代文化思潮》《社会性别差异》等前沿专题讲座。福州演讲的间隙，老朋友半个世纪后的相见，自然万分珍惜，一起吃饭，一起喝茶，断断续续又聊了不少多年来的故事，我又深深地感受到杨沐在音乐殿堂的那些梦想，他与他的老师的交往更是深深地打动了我。

在杨沐的博客上，有一张大约拍摄于一九六八年夏天的照片。照片是用一个老式的 120 单镜头相机自拍的，那古董相机是一个四方形大茶叶罐样子的盒子相机，杨沐的特技摄影是向一个专业摄影师学的。三脚架固定相机，用自制的遮光盖分三次遮挡镜头，三次曝光，成像便是同一画面中杨沐一人分身为三。其中一位杨沐，躺在躺椅上，头枕着他少年时的那把小提琴，硬挺挺的身体上覆着白布，象征着音乐梦想的死亡。另一位杨沐跪在椅角，第三位则轻松自在地站在躺椅背后，抱着的双臂搁在椅背上，漠不关心地盯着躺椅上的"死者"。杨沐在照片说明里写道："我既哀悼自己的琴梦破灭，却又对此抱着冷眼看世界的态度。"

音乐人生中最重大的事件都尚未发生，然而隐隐之中，杨沐为自己拍摄的照片预示着命运的波动即将到来。

山间"下巴琴"

杨沐好做梦，半辈子做梦无数，总是美梦少而噩梦多，孩童时代起就常做噩梦。上小学之后爱做白日梦，梦想长大以后成为电影明星、成为作家或者当个画家。但梦想得最多的，还是当个音乐家。

小学升初中后，杨沐在福建省南平市第一中学就读，其时正值"三年困难时期"，国家配给每人的口粮与副食品都是定额的，食堂饭菜票不得多买，实际上也没钱多买。杨沐的母亲每月为杨沐买好饭菜票，又从她自己的定额中省下一些给他，让他少挨些饿。但正在长身体的杨沐仍然吃不饱，每天处于半饥饿状态中。虽然如此，杨沐却日日梦想能有钱买一把小提琴。知道父母经济拮据，不可能买琴，杨沐决定瞒着他们，把自己每日已很贫乏的伙食加以节省，用饭菜票向人换成现金，指望有一天攒够买琴的钱。

这事终于被母亲发现了。她发现杨沐的气色越来越差，追问之下，知道了省下饭食要买琴的原委。母亲咬咬牙，从供全家度日的微薄工资中挤出钱来，带他到乐器商店，用24元人民币买了一把廉价小提琴，这相当于她大半个月的薪金。母亲懂点音乐，便成了杨沐学琴的启蒙教师。那琴虽说价廉质劣，琴声在杨沐听来却美妙无比，自此成了唯一的知心伴侣。他开始梦想将来有一天成为小提琴家。

一九六八年底，"上山下乡"运动开始，所有的学生都得到农村落户"接受贫下中农再教育"。这可不是件轻松事。闽北山区乡村的贫瘠困苦，对于当地学生来说绝不陌生。学校里每学期都强制性地组织所有学生到农村"劳动锻炼"至少一个月，在没膝齐胸的烂泥田里滚上一身泥巴和蚂蟥。就在插队分配方案公布的前两星期，杨沐因在"革命文艺宣传队"拉琴，有机会安排在交通便利的西芹大队插队落户，平时劳动，农闲时则组成"革命文艺宣传队"，到公社各村落"宣传毛泽东思想"。西芹大队是离南平市区最近的乡村，比起深山老林里的荒乡僻壤，不知好上多少倍，谁都愿意抢这机会。

去西芹大队试演的那天，轮到杨沐的小提琴独奏，他有点儿失神地走到台前，站在明亮的灯光下，对着台下黑压压的一片人头。台前的灯光照出了坐在第一排的公社头儿们，正交头接耳地指指点点。杨沐突然觉得自己像被剥光了衣服，在聚光灯下被放在他们面前展览，一股羞辱与愤怒交织的苦涩涌上心头。

端起琴，拉了一曲《新疆之春》，又拉了歌剧《白毛女》插曲。《新疆之春》应是一首欢乐的曲子，可杨沐奏出的却只是干干巴巴的一大堆音符。台下那一片人头反正也听不懂，还为曲中炫技的华彩乐段拍手叫好，倒是《白毛女》插曲拉出感情来了。《北风吹》拉得凄凄切切，杨白劳喝盐卤自杀前的唱段也拉得悲愤无比。

插队分配名单公布了，"西芹公社西芹大队"排在布告上的第一栏，杨沐的名字赫然在内。一位同学羡慕地对杨沐说："你真走运。你是'范进中举'了。"杨沐没回答，也不像范进中举那般狂喜，更没有发疯，只是觉得在西芹公社舞台上演出时的那股苦涩重又涌起，但这一次那味儿却已淡了许多，而且还很不协调地掺进了庆幸的感觉。杨沐忽然明白了，现实正逼着他走出自己幻想中的"音乐神殿"，先前辛辛苦苦在心中搭起来的那个避难所原来只是个肥皂泡，一阵风便能将它摧垮。杨沐深刻而痛苦地感受到，不可能在音乐的避难所得到庇护，有生以来第一次意识到，在现实面前，音乐原来是如此功利的东西，音乐女神从此在他心目中不再圣洁。

一九六九年二月九日，我由于参加"知识青年上山下乡宣传队"被照顾分配到夏道公社文田大队插队。杨沐则到了西芹大队长沙田生产队落户。村里的年轻人喜欢听杨沐拉琴，杨沐为他们拉小提琴协奏曲《梁山伯与祝英台》，奏至凄怆之处，他们说："这曲调太伤心了。"奏至悲愤之处，他们说："这像在说心中很不甘愿。"他们少有机会接触古典音乐，却对杨沐的演奏能有这样的理解，杨沐惊讶之余，又感到欣慰：通过音乐他们达成了内心的共鸣。

半个多世纪之后，有一位化名"片帆沙岸"的散文家，在《汶浆轶事之下巴琴》里写杨沐在一九六九年夏天的一段故事。他在文中把杨沐称为南平当时小提琴一把手。汶浆人不识小提琴，风趣而形象地称之"下巴琴"。那一定是个浪漫而完美的仲夏夜，然而今天的汶浆人是不可能再知道"下巴琴"的故事了。

杨沐拉小提琴，最早是受母亲的启蒙，其后是中学音乐老师的指导，再后小山城南平就找不到可以教琴的老师了，于是杨沐全靠自学。他大半的零花钱都用于邮购曲谱，其中就有中央音乐学院音乐学系主任张洪岛翻译的《小提琴演奏法》，杨沐只能靠自己琢磨，书页都翻烂了，而且当时打破头也不可能想到十几年后居然成了张洪岛的学生。

后来，杨沐把精力和时间从学小提琴转向作曲和音乐学，从中加深了自己对社会与文化研究的兴趣。"文革"结束之后，一九七八年杨沐考入中央音乐学院音乐学系，从此决定了一生的事业。当时系主任就是张洪岛。

回首往事，杨沐庆幸自己没有因那一厢情愿的琴梦破碎而消沉，音乐的旅程从福建走到北京，又从北京走向世界，成了音乐人类学博士，观察研究人类社会的音乐文化事项，著书立说，在国际讲坛上阐述自己的思想与见解，为争取一个没有噩梦的社会贡献力量。

忘年交毕铿

二〇一三年一月底，在福州完成了一次演讲之后，杨沐要打道回澳大利亚了。临别送行时，他专门打印了一份长达21页的彩印文稿《百年孤独——我的忘年交毕铿》送我，我一口气读完，五味杂陈。说实话，我孤陋寡闻，先前根本不知道毕铿何许人也。读后，才领略二十世纪剑桥学者、享誉全球的专家毕铿的人品学德。而在与杨沐话别的那晚，我们深谈3个多小时，从杨沐声情并茂的叙说中，我有生第一次走进一位终身追求学问的国际级大师的心灵世界。

二〇〇七年三月十六日，劳伦斯·毕铿在剑桥逝世，这位一九〇九年七月十六日生于英国诺丁汉的学界泰斗、剑桥学者，享年97岁。毕铿生前总喜欢按中国传统记岁，所以那年他应是98岁，按华人传统堪称百岁老人了。英国主要大报都在显要位置刊登了毕铿逝世的消息，《泰晤士报》三月二十四日专题文章如此开头："毕铿是二十世纪剑桥学者中的伟人之一。他的学术研究涉猎之广，无人可及，成就如此巨大，甚至在剑桥大学也极少有人能够全盘明了它们的门类。他是一位在生物化学、细胞学、音乐学、中国研究、斯拉夫研究、音乐人类学等领域内世界公认的剑桥学者；在土耳其乐器、巴赫康塔塔、中国古代科学、细胞再生等项目研究上享誉全球的专家。"

毕铿的一生，原是在剑桥大学从事生物物理研究，然而在一九六六年将近60岁的时候，却突然在事业上转向，彻底抛开了成就斐然的自然科学研究，全身心投入业余爱好——亚欧传统音乐的研究，一九七五年出版获奖巨著《土耳其民间乐器》奠定了他在音乐人类学界世界级大师的地位。此后他专注于日本的中国唐代古乐的研究，从一九八一年至二〇〇〇年，出版了七卷《唐朝传来的音乐》。

杨沐与毕铿都是音乐人类学的顶级专家。最让杨沐和我敬仰的是，毕铿六十花甲又一春，也许，一个无压力掘潜力的新生活，又能让自己活一回，毕铿就是一个榜样。

杨沐丰富的阅历及真挚的情感，被毕铿慧眼识中，因此成了异国的忘年交。毕铿离群索居埋头研究，从不参加音乐人类学的国际学术会议，这让我不可思议。而毕铿从不在乎学界颁给他的一项项顶级学术荣誉，这更让我吃惊。原来三十年如一日自得其乐地沉浸在研究成果之中，才是他的原动力，才能取得举世瞩目的研究成就。这正是杨沐与毕铿的共通之处，漠视荣誉，笃定专业，确实让人高山仰止。

一九八七年，杨沐完成硕士论文但尚未上交时，同时被五所欧美名牌大学录取为博士研究生。其中，美国纽约大学给了博士生奖学金，英国剑桥大学则为其争取到了英国政府的海外留学生奖学金。当时毕铿早已退休，剑桥大学把杨沐安排在圣埃德蒙学院，但当时杨沐申请的澳大利亚永久居留身份待批，他若离去则半途而废，而若指望将来申请英美的定居，则获批的可能极其渺茫。另外，杨沐的同学、已在美国纽约的音乐家谭盾，写信建议杨沐选择纽约大学。最终杨沐选择了留在澳大利亚，这让他与毕铿的见面推迟了六年之久。一九九三年，杨沐到德国柏林参加学术会议，并应邀到伦敦大学亚非学院音乐系和中国研究系开讲座，终于有了跟毕铿见面的机会。

作为剑桥大学耶稣学院的终身院士,毕铿退休后住在学院免费提供的院外一栋单门独院的二层小楼里。楼外是一片广阔的草地,跟剑桥的所有地方一样,那草地被照料得很好,环境优美。毕铿兴致勃勃地介绍他收藏的一些民间乐器。他的藏品大多已经赠送给剑桥大学,但手边还留着一些小件的。两位世界顶级学者一见如故,聊中国音乐、聊中东音乐、聊巴赫,毕铿还喜欢随手演示,让杨沐着实惊讶于他的演奏能力。

此次聊天,杨沐透露了离开中国的原因:"中国没有音乐人类学的硕博士学位,到西方来读研究生,只是我离开中国的原因之一。更主要的原因有两个:其一,我想在一个能允许我自由地思想、能让我自由地说话的地方生活;其二,我是××恋者,我离开中国是为了能做真实的自己。那个国家,容不得我这种人,所以我无论如何得设法留在西方。"

毕铿没有说话,静静地听完杨沐的叙述。

沉默。

似乎他的思绪飘向了别的地方。

良久,他自言自语般地轻声道:"我的匈牙利朋友,在二战中死去……"

二战,对今天的人来说,那是多么久远的历史!

毕铿转头望向窗外,不再说话。他的眼神迷离,仿佛从远处看到了什么。

杨沐没有说话,心里涌起深沉的悲哀。

毕铿似乎沉入了深深的回忆,仿佛屋里只有他自己。这个老人,离群索居的名声在外。他是个很封闭的人,对别人从未敞开心扉,没有人知道他的过往。此刻他们只是静静地坐在窗前,什么话也没有再说。然而杨沐却觉得听懂了他的一生。那是心的交流,此时不需要言语。

此后,只要有机会去欧洲,杨沐总会设法绕道伦敦,到剑桥去看看老人。相处的时日长了,杨沐越加明白,毕铿是个很典型的英国绅士，有良好的教养和习惯，彬彬有礼，然而被外界认为极不合群，而对于生人他确实也不健谈。但是，杨沐却始终感受到他的热情和丰富的内心世界。他是个很重情义的人，只是他从来不喜外露而已。杨沐深深知道，毕铿对自己青年时代的挚友，以及对他自己退休前在剑桥带出来的几位音乐博士生，感情都是很深的。在这个世界上，他唯一的亲人是他也已年老的妹妹，至于朋友，便是他有数的两三位知己和几位先前的博士生了。

看望阴法鲁

像毕铿那样离群索居埋头研究的音乐家，中国也有。一九九七年五月，杨沐回中国参加学术会议，在北京逗留，此前毕铿得知他要回国，很认真地托他办一件事。二十世纪四十年代，毕铿参加李约瑟小组在中国工作时，认识了阴法鲁和李纯一。这两位学者对他后来彻底改行从事中国音乐研究的决定，影响至关重大。他曾不止一次谈到这两位学者当时对他的影响。对于他们的友情，他一直念念不忘，但却遗憾此生无法再见，连他们的去向都不知道。毕铿嘱咐杨沐，到北京后一定要帮他找到这两位中国的音乐史学界泰斗，亲自登门拜访，亲口向他们转达他的问候，亲眼看一看他们生活得怎么样。

经多方查找，李纯一无法联系。杨沐到了北京之后，找到了阴法鲁。在拨通了电话，报上家门后，阴先生大为诧异："杨沐？中央音乐学院毕业的杨沐吗？"

原来，在考入中央音乐学院之前，杨沐读过阴先生的文章，对他颇为敬重。一九八二年，阴先生在《音乐研究》发表一篇论文，杨沐看出了一些纰漏，写了一封信给《音乐研究》，主编将它转给了阴先生。阴先生为此写了一封至为诚恳的回复，一并在该刊发表，说杨沐"指出拙文《利玛窦与欧洲教会音乐的东传》中的疏失之处，我读了深受教益，感到非常高兴……您细心阅读文章，并提出问题，这种严肃认真的治学态度是我应当学习的"。而当时，杨沐还只是中央音乐学院四年级学生。

杨沐绝对没有想到的是，事隔十五年后，阴先生居然还念念不忘。

按地址找到阴法鲁的家，那是一栋旧式的单元楼，楼前一片很大的空地，似乎是清理出来待建楼房的。一位儒雅老者正站在空地前方的路边张望。杨沐的直觉告诉他，这就是阴先生。由于阴先生住的楼房不在路边，他怕杨沐找不到，所以特地守在这路边等候。

打了招呼之后，阴先生说的第一句话，竟然是重提十五年前的那篇学术文章："那时我做学问还不够认真。"他似乎不无歉意，"真是得活到老，学到老啊。"

这种虚怀若谷的自省态度，才是真正的大师风范。对自己学术上一个小小的失误耿耿于怀十数年不敢忘，对当年指出这小纰漏的一个无名小辈倒屣相迎，感谢之情溢于言表。这令杨沐极其感动，对阴先生的人品学品更为佩服。

联想到二十多年来国内学术垃圾遍地的恶劣学风，杨沐极其感慨，更愤慨的是，这些学术上的不学无术者，却在学术商业化的大潮下，争夺名利，有的竟到了恬不知耻的地步。

阴法鲁先生是真正的音乐学界的大学者，但他的家却极其简陋，家具没有一样是新的。他似乎是一个人住着。他的年纪很大了，身体不好。每天上午，一个小保姆来帮他清洁房子和洗衣服，然后将午饭和晚饭一并做好，等他吃完午饭，为他洗过碗筷，就又离开。这样的一位大学者，是何等地落寞。相比于近些年国内新兴的学界大腕们的豪华住宅和巨额外快，阴先生只能归入贫民级别了。

对两位世界级朋友兼老师的大学者，坚守清贫的晚年孤独寂寞的大师，杨沐深情慨叹，泪湿青襟，害得我也跟着扼腕愤叹，耿耿于怀。这让我不禁追问，究竟谁该为奉献一生的学者"临终关怀"埋单呢？那些为人类文明发展呕心沥血的先行者，难道只落得悲伤而孤独地辞世？但愿，关爱老人成为人性关怀的实在行动，这恰是文明的良性循环之链。

今天的杨沐两鬓斑白，显露出对我满头乌发的艳羡，我试图从自己从事少儿工作、与童心相伴的滋润日子来慰藉和开导他。

杨沐边谈笑边吃药，原来他患有糖尿病。"这肯定是遗传，可我姐我哥都没有高血糖，这类'好事'却摊在我身上。"他无奈地耸耸双肩，笑呵呵地说道。

二〇一四年六月三日，他给我挂了长途电话后，又以"夹缝中人"为题给我发了封邮件：

"我近几年越发觉得自己老了，去年底都决定退休了。但是一些也在悉尼定居的国内老朋友全都劝我别退，都说我这么好的永久教职，一个星期才上几小时课，每年寒暑假就好几个月，若要退了那可真是太可惜了。于是我终于决定再干几年再说，至少现在身体也还能对付。

"我近期没有回国的计划，主要是如刚才电话里跟你所说，每次回去就无法控制饮食，结果血糖升高了。如果不回国的话，跟国内一些朋友、同行的联系怕会疏远了，所以平时倒是得不时有些信件或电话的联络才好。好在是我由于经常发表学术著述，所以在中国的学术圈内也还保持着名声和一些名誉头衔。常联系，杨沐。"

杨沐开了一个"澳洲杨沐"新浪博客，得空的时候，他在博客上偶尔写一点中央音乐学院的旧史，有时候还改不了他那个坏脾气，对中国商业化的学术包装提笔抨击。不过值得一提的是，以杨沐今天的学术地位和年纪资历，他每一句话都可以轻松道来，均不失大师的风范，所以他博客的读者也受益匪浅，字里行间有多少珍贵的经验悄悄地传递给后来者。

老朋友开博客分外亲。我拜读他的博文后产生的第一个念头，就是祈盼更多的人了解咱们山区走出来的国际级大学者的思想及近况,并撷取其中唤起内心强烈共鸣的片段。真的,我特别感恩杨沐这位推心置腹的老朋友,他不仅每次讲课把所有课件资料都毫无保留赠送给我,让我在福建师大为研究生上课时能够非常便利地直接借用他的研究成果,反响强烈,而且每次与他面对面交谈,电话邮箱沟通,坦诚的心灵分享后都能收获正能量。

  杨沐与我心有默契达成共识:学习毕铿、阴法鲁等学术大家的正气、骨气和豪气,以大师为人生楷模,共为人类社会文明进步不遗余力!

后 记

　　晨读鸟声脆，静思茶啜饮。

　　回想成长的历程，自己在人生路上，曾哑然于思维单一，悲怆于孤影单随；尔后，幸遇恩师的教诲，那被关爱的岁月，常激起我奋发的心志。原来，童年的功课，最有价值的，不是知识，而是品格；生命的练习题，最值得纪念的，不是安逸，而是磨难。黎明握笔，总有一种和自己在一起的喜悦，总感受到一股回归自己，栽培自己的能量涌动。

　　我喜欢阅读，经常有机会神交精神伟人。走进伟大的母爱世界，我发现，每个儿童的成长，都离不开母亲的精神引领，而童年所接受的精神滋养，往往影响人的一生。

　　古往今来，关于师恩，总有说不完的故事，道不尽的真情。个体在生命成长进程中，都曾得到学识的传授、人格的感染，成才成功者都离不开精神高洁的恩师。

　　本书围绕寻找精神恩师的情感展开，先从中华历史文化名人的"家风""母亲"濡染，再到自己切身经历的"母与子""师与友"熏陶，真情诉说感人的21个生活细节故事，表达对先贤、对母亲、对恩师的尊敬与怀念之情，进而品读饮水思源的内涵，彰显精神恩师的价值。

　　在偌大的世界，个体只是一小点。唯有让精神注入绵延不绝的光芒，才不会被黑暗吞噬；唯有扬起理想的风帆，才有豁达的洞见。即便是寒风逆流，也能破浪航行。

　　人的精神一旦链接了信念元素，冥冥之中就会把生命时空的相遇对话与人生目标的思索追寻巧做安排；每个人身上都有一种精神驱动。精神力量很神奇，能生智慧，敢催创新；改变人生，先须改变自己；改变自己，必须崇尚精神。我们千万别忽视身边最亲近的父母师友的影响力，千万别忘记把自己的温暖和情感回传给身边的人，千万别放弃终身学习并追求真善美的心灵能量。

掩卷释然，感恩满怀。感谢团省委书记何明华、副书记兰明尚的悉心指导，他们不仅为薪火工程指明方向，还选派谢林伟协理事务，正是得益于组织的关爱鼓励，才有本书面市。感谢恩师陆士桢、挚友陈章汉、胞兄邱孝胥，他们分别在教育界、文化界、音乐界有相当高的知名度，三人同龄属猪，同属"老三届"，同是正高职称，凭借奉献所长的敬业精神，依然活跃在各自领域，传递着正能量。他们拨冗作序，其识见智慧及抬爱点评，使我如沐春风。感谢高立新、潘翔、罗西等好友出手相助，他们才思敏捷、见解独到，令我敬佩。感谢福建教育出版社黄旭社长、责编成知辛的精心付出；林立文的配图，为书增添不少灵气。他们都是我身边最亲近的精神向导，我永远感念他们一路陪伴指引。

人生很多时候，是无法报答自己恩师的。父母文化基因的滋养，师友学识修养的传递，使我的生命系统得以循环，生态能量得以转换，思忖再三，唯有以昂扬向上的工作状态投入付出，才不负父母恩师的引领和寄望。追随"中国梦"正呼唤着一代精神恩师，每个人身边都有无数这样的父母与师友成为引领我们成长的精神恩师，需要我们去发现、尊敬、感激、效仿。

此书是向中国少先队建队 65 周年的献礼。期盼让更多人体会到为人父母的艰辛、感知于身为师者的崇高，铭记师恩、传承精神、追随恩师，让我们一起出发，共为中华民族伟大复兴实现"中国梦"增添新彩、书写传奇。

相信生命之河潜进精神动力，人生必然璀璨。

作者　于2014年9月